W0187553

Ich danke Felix Baumeier und Raphael Romeikat für technische Hilfe und Beratung.

Brigitte Franke

DENKWÜRDIGES
UND
MERKWÜRDIGES

Bibliographische Information der Deutschen Bibliotkek:
Die Deutsche Bibliothek verzeichnet diese Publikation in
der Deutschen Nationalbibliografie; detaillierte bibliografi-
sche Daten sind im Internet über http://dnb.ddb.de ab-
rufbar.

Brigitte Franke,
»Denkwürdiges und Merkwürdiges«
© Brigitte Franke 2006
Satz und Layout: Felix Baumeier, Raphael Romeikat
Umschlaggestaltung: Raphael Romeikat
Illustrationen: Brigitte Franke
Herstellung und Verlag: Books on Demand GmbH,
Norderstedt

ISBN: 3-8334-4833-4

INHALT

I) VORWORT

" Männer und Frauen sind gleichberechtigt." Im Vertrauen auf dieses Grundgesetzgebot trat eine neue Generation junger Frauen im Nachkriegsdeutschland in das Berufsleben ein. Ich war eine von ihnen. Die Erfahrungen, die ich in fast drei Jahrzehnten im Auswärtigen Dienst mit der Umsetzung dieses Gebots gemacht habe, bilden den Inhalt dieses kleinen Buches.

Mit der Zulassung von Frauen zum höheren auswärtigen Dienst betrat das Auswärtige Amt Neuland. Es gab bisher keine Erfahrungen im Umgang mit Diplomatinnen, ihr dienstlicher und gesellschaftlicher Status war nicht immer geklärt, überholte Vorstellungen von Befähigungsunterschieden zwischen Männern und Frauen noch weit verbreitet. Die männliche Verunsicherung war groß. Manchem älteren Kollegen fiel es schwer, plötzlich eine Frau als Mitarbeiterin, Vorgesetzte oder gar Konkurrentin zu akzeptieren. Auch waren Frauen im Ausland auf der Ebene der Diplomatie zunächst nur beschränkt einsetzbar, nämlich in den so genannten frauenfreundlichen Regionen der Welt: Nordamerika, Skandinavien, Westeuropa. Auch dort war der Anfang nicht leicht. Außerdem gab es ein Problem, das oft gar nicht wahrgenommen wurde, nämlich die Akzeptanz von Frauen durch Frauen. Einige gestandene ältere Sekretärinnen weigerten sich zunächst, für eine Frau zu arbeiten. Sie waren auf ihre Chefs als ihre Herren und Meister fixiert und konnten nicht verstehen, dass der neue Vorgesetzte eine Frau war, ein Wesen also nicht anders als sie selbst. Weibliche Vorgesetzte, es gab nur ganz wenige, hatten es nicht immer gern, wenn ihnen Frauen als Mitarbeiterinnen auf gleicher Ebene zugeordnet wurden. Manche sahen sich dadurch in ihrer Einmaligkeit gefährdet. „Wenn zwei dasselbe tun, so ist es nicht das Gleiche." Dieses Diktum kam mir des Öfteren in den Sinn, wenn ich vom sicheren Hafen des Ruhestandes aus mein bewegtes Diplomatenleben Revue passieren ließ. Mir war klar geworden, dass Frauen bei gleicher Tätigkeit wie Männer häufig andere Erfahrungen machten, Dinge anders erlebten und bestimmte Ereignisse mit anderen Augen sahen, einfach weil ihr Umfeld anders auf sie reagierte. Als Frau stieß ich manchmal auf Tabus, auf unvorhergesehene Hindernisse, die ich erst einmal überwinden musste, manchmal mit männlicher Hilfe, meist ohne sie. Ich erlebte Dinge, die einem Mann gar nicht passieren konnten, einfach weil er ein Mann war.

Die Situationen, die so entstanden, habe ich im Titel dieses Buches als denkwürdig bzw. merkwürdig bezeichnet. Es handelt sich dabei um persönliche Erlebnisse, die erfreulicherweise oft erheiternd waren. Sie waren aber bis in die siebziger Jahre bezeichnend für das herrschende soziokulturelle Klima, das sich, auch das muss gesagt werden, im Laufe der Zeit jedoch positiv entwickelte. Es lag nicht in meiner Absicht eine Abhandlung über die Chancen von

Frauen im diplomatischen Dienst zu verfassen, sondern anhand von persönlichen Erlebnissen aufzuzeigen, welch seltsame Blüten das zarte Pflänzchen „Gleichberechtigung" auf dem Boden der harten Tatsachen, nämlich Vorurteilen, Gewohnheiten und überholten Denkschemata hervorbringen konnte. Davon soll im Folgenden die Rede sein.

II) EINLEITUNG

Im Frühjahr 1952 saß ich vergnügt auf einer Bank in der Sonne vor der Alten Universität in Heidelberg, denn einige Tage zuvor war mir nach bestandener Prüfung von der Philosophischen Fakultät dieser Universität der Doktortitel verliehen worden. Ein Kommilitone setzte sich zu mir. „Was hast du jetzt für Pläne?", fragte er. „Noch keine", antwortete ich. „Ich bin erst einmal damit beschäftigt, mich an meine neue Würde zu gewöhnen." Wir führten ein längeres Gespräch über die derzeit nicht besonders guten Berufsaussichten für junge Akademiker unserer Fachrichtung. Plötzlich sagte er: „Ich habe gelesen, dass das im vorigen Jahr wiedereröffnete Auswärtige Amt bemüht ist, geeigneten Nachwuchs zu rekrutieren. Unter Berufung auf Artikel 3 Grundgesetz ‚Männer und Frauen sind gleichberechtigt' bilden die jetzt auch Frauen aus. Das Juristenmonopol ist gebrochen. Bewerberinnen und Bewerber aller Fachrichtungen werden angenommen, sofern sie den Anforderungen genügen. Einzige Voraussetzung: ein abgeschlossenes Hochschulstudium und gute Kenntnisse in Englisch und Französisch. Aber das Ausleseverfahren soll sehr streng sein und die Aufnahmeprüfung schwierig. Für mich wäre das nichts." „Aber vielleicht für mich", sagte ich vorwitzig. „Na dann versuch es doch mal, ich bin gespannt."

Ich konnte die ganze Nacht nicht schlafen. Plötzlich hatte ich ein Ziel vor Augen und beschloss, es entschieden anzugehen. Aber bevor ich mich der schwierigen Aufnahmeprüfung für den Auswärtigen Dienst stellen konnte, musste ich erst noch etwas Geld verdienen, denn um meine Finanzen war es nach der Promotion nicht gut bestellt. Ich hatte Glück und fand einen guten Job bei der American High Commission in Bad Godesberg, der mir etwas Zeit ließ, mich nebenher auf die Prüfung vorzubereiten.

Der erste Schritt war die persönliche Vorstellung beim Leiter der Diplomatenschule in Speyer, der nach einem persönlichen Gespräch entschied, welche Bewerber überhaupt zur Prüfung zugelassen werden konnten. Es hieß von ihm, er sei zwar kein überzeugter Anhänger der Zulassung von Frauen zum Diplomatischen Dienst, behandele aber die wenigen Bewerberinnen korrekt und gleichberechtigt. Meine Bewerbungsunterlagen hatte er sorgfältig gelesen und wusste daher, dass ich zwei Schwachpunkte hatte: Französisch und Wirtschaftspolitik. Also überreichte er mir freundlich lächelnd den Wirtschaftsteil von Le Monde und ließ mich daraus übersetzen. Ich wurstelte mich durch, so gut ich konnte, und dachte schon: „Das war's." Aber er schien zufrieden zu sein. Das Gespräch wurde persönlicher. „Hoffentlich gehören Sie nicht zu den Damen, die glauben, der Diplomatische Dienst bestünde, besonders für sie, weitgehend darin, elegant gekleidet übers Parkett zu schreiten und mit einem Sektglas in der Hand charmant zu plaudern. Nehmen wir mal an, Sie würden im

Winter an eine kleine Vertretung in Kanada entsandt. Es ist kalt, dunkel, schneit unaufhörlich, und Sie haben noch keine persönlichen Freunde. Wie würden Sie Ihre Freizeit gestalten?" „Ich würde", antwortete ich, „tagsüber in die Berge zum Skilaufen fahren und mich abends zu Hause mit entsprechender Literatur weiterbilden, besonders in Landeskunde und Französisch." Die Antwort schien ihm zu gefallen. Er verabschiedete mich freundlich. Kurz darauf erhielt ich meine Einberufung zur Aufnahmeprüfung.

Dann ging auf einmal alles ganz schnell. Ich bestand und wurde in den siebten Lehrgang der Diplomatenschule Speyer aufgenommen. Wir waren fünf Damen und 19 Herren, welche im August 1953 gemeinsam mit der Ausbildung begannen, die wir im Frühjahr 1955 in Bonn mit einer Abschlussprüfung beendeten. Danach begann für mich und die anderen ein wechselvolles und ereignisreiches Berufsleben, das einen jeden von uns durch viele Länder dieser Welt führen sollte. Wir hatten alle die gleiche Ausbildung erhalten und die Aufgaben, die dem Einzelnen zufielen, waren länderspezifisch verschieden, aber in ihrer Grundstruktur vergleichbar.

Diplomatenschule Speyer
7. Lehrgang mit Professoren 1954

Die „Seven Seas"

III) MONTREAL

E ndlich war es soweit. Ich war zur Vizekonsulin am Generalkonsulat Montreal in Kanada ernannt worden und sollte im Oktober 1955 nach dort ausreisen. Aber wie? Die großen Linienschiffe verkehrten damals nur zwischen Hamburg und New York, desgleichen die Lufthansa. Also wurde für mich eine der wenigen Erste-Klasse-Kabinen auf einem Auswandererschiff gebucht, dem letzten, das vor Wintereinbruch den Nordatlantik überquerte, bevor sein Zielhafen Quebec-City zufror. Von Quebec-City sollte ich mit der Eisenbahn weiterreisen nach Montreal. Das Schiff hieß „The Seven Seas" – Die Sieben Weltmeere. Dass ich sie alle einmal befahren sollte, hätte ich mir damals nicht träumen lassen.

Ich war der einzige Erste-Klasse-Passagier und bewohnte eine einfach eingerichtete, aber geräumige Kabine auf dem Oberdeck, neben den Quartieren des Kapitäns und der Offiziere. Unter Deck gab es zwei große Schlafsäle. Dort waren einige Dutzend Waldarbeiter aus den Zonenrandgebieten mit ihren Familien untergebracht, die das immer noch an den Kriegsfolgen leidende Deutschland verlassen hatten, in der Hoffnung, in Kanada eine neue Heimat mit besseren Lebensbedingungen und Verdienstmöglichkeiten zu finden. Die Mahlzeiten nahm ich zusammen mit der Schiffsleitung in der Offiziersmesse ein. Die Schiffsleitung bestand aus dem Kapitän, einem Ersten und Zweiten Offizier, Bordingenieur und Schiffsarzt. Der Himmel war grau, die See rau, und ich musste ständig gegen die aufkommende Seekrankheit ankämpfen. „Das geschieht am besten durch Ablenkung", meinten die Herren Offiziere und luden mich zum Besuch der „Nahkampfdiele" ein. „Das ist ein Tanzboden, den wir für die Waldarbeiter auf einer freien Fläche vor den Laderäumen eingerichtet haben, so ziemlich das Gegenteil vom diplomatischen Parkett, das Sie demnächst erwartet", erläuterte der Kapitän. „Die Umgangsformen dort sind etwas ungehobelt, aber meine Offiziere werden schon auf Sie aufpassen."

In der Nahkampfdiele herrschte ein fürchterliches Gedränge. Ein Matrose spielte Tanzmusik auf dem Schifferklavier, und Freibier floss reichlich. Jedes Mal, wenn das Schiff sich mit den Wellen hob oder senkte, machte der Tanzboden die Bewegung mit, und man musste sehr aufpassen, um nicht zu stürzen. Es passierte natürlich doch, und auch ich segelte zwei Mal unter dem Gejohle der Waldarbeiter mit meinem Tanzpartner auf dem Hosenboden gegen die Wand. Der Kapitän hatte Recht. Ich war so damit beschäftigt, senkrecht zu bleiben, dass ich meine Seekrankheit erst einmal vergaß. Ich durfte auch jederzeit auf die Brücke kommen, Fragen stellen und mich in die Geheimnisse der christlichen Seefahrt einweihen lassen. Außerdem gab es eine kleine Bibliothek und einen alten Plattenspieler. So überstand ich die ersten Tage leidlich.

Eines Nachts klopfte es plötzlich an meine Tür. Ich schlüpfte in meinen Morgenmantel und öffnete vorsichtig. Draußen stand der Erste Offizier. „Entschuldigen Sie die Störung, aber ich soll Sie zum Kapitän bringen." „Zum Kapitän, jetzt mitten in der Nacht?" „Ja, jetzt. Bitte ziehen Sie sich an, ich warte hier."

Der Kapitän saß hinter seinem Schreibtisch, neben ihm standen der Schiffsarzt und der Bordingenieur. Er begann ohne Umschweife. „Heute Nacht ist einer der Waldarbeiter plötzlich gestorben, Herzversagen. Er hinterlässt eine Frau und einen halbwüchsigen Sohn. Da wir uns noch auf hoher See befinden, habe ich mich im Einverständnis mit den Hinterbliebenen entschlossen, dem Mann ein Seemannsgrab zu bereiten. Sind wir erst einmal in die Zwölf-Meilen-Zone, die zum kanadischen Hoheitsgebiet gehört, eingefahren, darf ich das nicht mehr. Dann muss der Leichnam an Land gebracht werden, und die kanadischen Behörden ziehen den Fall an sich. Es begänne ein Papierkrieg, dem die arme Witwe nicht gewachsen wäre, weder sprachlich noch zeitlich und schon gar nicht finanziell. Ich habe ihr und ihrem Sohn angeboten, sie wieder mit zurück nach Deutschland zu nehmen, kostenlos. Aber sie will nicht. Sie will bei den Kollegen ihres Mannes bleiben, und die haben mir versprochen, sich um sie zu kümmern. Auf hoher See gilt gemäß Völkerrecht der Grundsatz der Freiheit der Meere, auf den ich mich berufen kann. Trotzdem handle ich aber vielleicht aus Sicht des Hafenkommandanten von Quebec eigenmächtig, denn wir nähern uns der Küste, und ich könnte auch noch warten bis zum Einlaufen in den Hafen." „Was hat das alles mit mir zu tun", dachte ich im Stillen. Der Kapitän fuhr fort: „Ich werde vor dem Hafenkommandanten mein Tun in einer eidesstattlichen Erklärung rechtfertigen müssen. Ich bitte Sie deswegen, der Seebestattung beizuwohnen, damit Sie morgen vor dem Hafenkommandanten in Ihrer Eigenschaft als Vizekonsulin der Bundesrepublik Deutschland, falls erforderlich, zusätzlich als Zeugin aussagen können. Ich glaube, das wäre hilfreich. Dieser Todesfall ist der erste seiner Art in meiner seemännischen Laufbahn. Ich weiß nicht, wie die kanadischen Behörden mit einem solchen Ereignis umgehen." „Ich fürchte, ich bin dazu noch nicht befugt, Herr Kapitän", sagte ich zögernd. Noch bin ich nicht Vizekonsulin der Bundesrepublik Deutschland. Ich habe zwar die Ernennungsurkunde des Auswärtigen Amtes in meinem Handgepäck, aber die wird erst rechtskräftig, wenn ich in Montreal meinen Dienst angetreten habe und auch das nur in Verbindung mit dem noch ausstehenden Exequatur, d.h. der Genehmigung der Regierung der Provinz Quebec, Amtshandlungen auf ihrem Territorium vornehmen zu dürfen." „Bitte schieben Sie Ihre bürokratischen Bedenken beiseite", erwiderte der Kapitän, „helfen Sie mir, den Hinterbliebenen zu helfen. Menschliche Erwägungen sollten vor den bürokratischen rangieren, soweit das vertretbar ist. Und das ist es aus meiner Sicht in diesem Falle." Diese Sätze beeindruckten mich, und ich willigte ein. „Danke", erwiderte der Kapitän. „Die Bestattung wird in einer Stunde auf dem hinteren Deck stattfinden. Halten Sie sich in Ihrer Kabine bereit, ich lasse Sie abholen."

Als ich mit dem Ersten Offizier auf dem hinteren Deck eintraf, waren schon alle versammelt, der Kapitän, der Schiffsarzt, der Bordingenieur, die Witwe, ihr Sohn, eine Abordnung der Waldarbeiter und zwei Matrosen. Der Tote war in einen Seesack eingenäht, darüber die schwarz-rotgoldene Fahne der jungen Bundesrepublik Deutschland, Kopf- und Fußende waren mit Steinen beschwert, die durch Schiffstaue gehalten wurden. Der Himmel war dunkel, wolkenverhangen, und es regnete. Die Szene war gespenstisch. Der Kapitän richtete einige tröstende Worte an die Hinterbliebenen, dann beteten wir gemeinsam das Vater Unser. Vorsichtig ließen die beiden Matrosen den Leichnam die Bordwand hinunter auf die Wasseroberfläche gleiten. Sie kappten die Taue, und der Tote versank sofort in den Fluten. Der Erste Offizier brachte mich zurück zu meiner Kabine. „Hoffentlich geht morgen beim Hafenkommandanten alles glatt", sagte er. „Wir müssen so schnell wie möglich wieder auslaufen. Das Eis kommt." Er führte mich an die Reling, und ich sah, wie unten große Treibeisschollen an der Bordwand entlangschrammten. Die Titanic kam mir in den Sinn. Aber diese Vorstellung war wohl etwas weit hergeholt. Wieder in der Kabine legte ich mich auf mein Bett und starrte an die Decke. Die Seekrankheit kehrte zurück, und ich fühlte mich hundeelend. Das soeben Erlebte bedrückte mich sehr, so hatte ich mir den

Beginn meiner Diplomatenlaufbahn nicht vorgestellt. War das vielleicht ein böses Omen?

Der Hafenkommandant machte keine Schwierigkeiten. Er billigte die Handlungsweise des Kapitäns und akzeptierte meine Legitimation. Mein treuer Begleiter, der Erste Offizier brachte mich anschließend zum Zug nach Montreal. Die „Seven Seas" werde spätestens am nächsten Abend wieder auslaufen können, versicherte er mir beim Abschied erleichtert.

Nach einer wunderschönen Eisenbahnfahrt durch die verschneite kanadische Landschaft wurde ich von Konsul Dr. Soltmann in Montreal abgeholt. Wir brachten mein Gepäck ins Hotel und fuhren dann in das hübsche Häuschen der Soltmanns am Waldrand, wo wir von Frau Soltmann zum Tee erwartet wurden. Ich berichtete von den Ereignissen der Überfahrt. Dr. Soltmann, mein neuer unmittelbarer Vorgesetzter befand, dass ich richtig gehandelt hätte. „Demnächst wird die Hafenkommandantur Duplikate der Vernehmungsprotokolle dem Generalkonsulat zur Kenntnis zuschicken. Wir geben sie dann weiter an das Seemannsamt im Hamburg. Damit ist für uns die Sache erledigt." Ich atmete auf. Meine Stimmung besserte sich, und ich dachte nicht mehr an ein böses Omen. In Montreal lebte ich mich schnell ein. Am Generalkonsulat herrschte ein gutes Betriebsklima, und eine hübsche kleine Wohnung hatte ich auch bald gefunden.

In den Fünfziger Jahren waren im Auswärtigen Amt die Vorbehalte gegen Frauen in höheren Positionen noch groß. Es gab frauenfreundliche und frauenfeindliche Vorgesetzte, natürlich auch solche, die neutral eingestellt waren. Erfreulicherweise war mein Generalkonsul frauenfreundlich. Vielleicht hatte man mich ja auch deswegen nach Montreal geschickt. Eines Tages rief er mich zu sich. „Morgen findet ein Essen des Konsularcorps im Montreal-City-Club statt. Sie werden mich begleiten, und ich werde Sie dort den anwesenden Kollegen vorstellen." „Ist der Montreal-City-Club nicht ein Herrenclub nach britischem Muster, wo Damen nur bei besonderen Gelegenheiten zugelassen sind?", gab ich zu bedenken. Er lachte. „Stimmt, aber ich werde diese starren Regeln mit Ihrer Hilfe etwas auflockern." Wir fuhren zum City-Club, einem ehrwürdigen alten Gebäude im Tudor-Stil und gingen an den verblüfften Türhütern vorbei, gradewegs in den Speisesaal. Das Stimmengewirr der Anwesenden verstummte. Alle schauten mich neugierig an. Mein Chef stellte mich vor und schloss seine kleine Ansprache mit den Worten: „Diese Dame ist keine Dame. Diese Dame ist mein Vizekonsul." Großes Gelächter. Ich war akzeptiert.

Ich saß in meinem Büro, als der Generalkonsul plötzlich eintrat. Das war ungewöhnlich, denn normalerweise rief er seine Mitarbeiter zu sich. Er ließ sich in einen meiner Besuchersessel fallen und reichte mir wortlos ein Schreiben, aus dem hervorging, dass der deutsche Kulturverein in Quebec-City in Zusammenarbeit mit der germanistischen

Abteilung der Universität von Montreal den Herrn Generalkonsul bäte, aus Anlass des 150. Todesjahres von Friedrich von Schiller einen Vortrag auf Deutsch über Leben
und Werk dieses bedeutenden Dichters zu halten. „Das
kann ich nicht", sagte er mit komischer Verzweiflung. „Ich
bin ein guter Jurist, aber Literatur war nie meine Stärke.
Können Sie das?" „Ich glaube schon, ich kann es ja mal
versuchen", sagte ich bescheiden. „Das habe ich gehofft",
strahlte er. „Bitte machen Sie mir einen Entwurf. Ich gebe
Ihnen eine Woche, in dieser Zeit sind Sie von allen sonsti-
gen Aufgaben freigestellt." Bevor er ging, fügte er noch hinzu. „Ich kann zwar selbst so einen Vortrag nicht ausarbei-
ten, aber ich kann durchaus beurteilen, ob er gut ist",
sprach's und verließ mein Büro. Nun war ich gefordert und
machte mich an die Arbeit. In der Universitätsbibliothek
und auch in der Stadtbibliothek von Montreal gab es zu
meiner Freude außer Schillers Werken auch genügend Se-
kundärliteratur, so dass ich bald das Thema formulieren
konnte: Schillers Geschichtsbild und Staatsidee! Nach einer Woche präsentierte ich dem Chef mein Werk. Er war
beeindruckt. „Wissen Sie", sagte er einige Zeit später zu
mir, „ich habe mir überlegt, eigentlich sollten Sie den Vortrag halten. Sie sind schließlich die Verfasserin und würden daher sehr viel glaubwürdiger wirken als ich, der ich
Ihren Vortrag nur ablesen kann. Ich schmücke mich nicht
gern mit fremden Federn." Eine solch noble Einstellung
hatten nicht alle meine späteren Vorgesetzten. Der deutsche Kulturverein war mit der Änderung einverstanden,

und ich konnte meinen Vortrag vor vollem Haus im Chateau Frontenac, einem internationalen Hotel und Kongreßzentrum in Quebec-City halten. Er wurde ein Erfolg und trug dazu bei, der deutschen Sprache und Literatur zehn Jahre nach Kriegsende wieder einen Platz im Kulturleben des Einwandererlandes Kanada zu verschaffen. So jedenfalls schrieb der Generalkonsul nach Bonn und legte seinem Bericht an das Auswärtige Amt ein paar Zeitungsausschnitte bei, in denen verziert mit meinem Konterfei die Quebecer Provinzpresse das seltene Ereignis kommentierte. Unser Botschafter in Ottawa war jedoch weniger erfreut. „Von den Bemühungen der Botschaft um die Herstellung guter Beziehungen zum Gastland nimmt die kanadische Presse nur wenig Notiz", soll er geklagt haben. „Aber wenn so eine junge Anfängerin, gerade in Kanada eingetroffen, einen Vortrag hält, dann rauscht der ganze Blätterwald." Diese Feststellung war reichlich übertrieben, aber der Botschafter gehörte leider zu den weniger frauenfreundlichen Vorgesetzten.

Ich war jetzt fast ein Jahr in Montreal, kannte viele Leute, meine Tätigkeit war vielseitig und interessant, und der Generalkonsul sorgte dafür, dass ich in alle Bereiche konsularischer Tätigkeit einen guten Einblick bekam. Durch meinen Vortrag und andere kulturpolitische Aktivitäten konnte ich mir bald einen festen Platz im Kulturleben unseres Amtsbezirks sichern und einen Beitrag zur Festigung der freundschaftlichen Beziehungen zwischen Deutschland und Kanada leisten. Ich war zufrieden. Aber dann nahmen die Dinge plötzlich eine unvorhergesehene Wendung. Eines Tages kam ein Telegramm aus Bonn: „Vizekonsulin Dr. Brigitte Franke mit sofortiger Wirkung an Botschaft Washington versetzt. Dienstantritt in vier Wochen." Ich bekam einen ziemlichen Schock, und der Generalkonsul war wütend. „Das ist unerhört nach so kurzer Zeit und ich bin überhaupt nicht gefragt worden." Aber er konnte nichts machen. Einer Weisung der Zentrale war Folge zu leisten. Kollegen und Freunde gratulierten mir zur „Beförderung", und es kostete mich einige Mühe, ihnen klar zu machen, dass das keine Beförderung war, sondern ganz schlicht eine Versetzung. Wie ich später erfuhr, herrschte in Washington Personalknappheit, und Washington war nun mal wichtiger als Montreal. Meine Gefühle waren zwiespältig. Auf der einen Seite freute ich mich über die neue Herausforderung, auf der anderen fiel es mir nicht leicht, Montreal so bald wieder zu verlassen.

IV) WASHINGTON

Washington, Hauptstadt einer Weltmacht! Plötzlich hatte ich die Möglichkeit, große Politik hautnah zu erleben und ein klein wenig mitzugestalten, wenn auch nur als Hilfsarbeiterin. Es war die Zeit der ersten deutsch-amerikanischen Nachkriegsbegegnungen auf höchster Ebene. Die deutsche Führungselite aus Politik, Wirtschaft, Kunst und Kultur reiste nach Washington, um den Amerikanern einen Eindruck vom neuen Deutschland zu vermitteln, das seine Nazivergangenheit hinter sich gelassen hatte. Ich durfte unter anderem teilnehmen an dem großen Empfang, den die Botschaft 1957 für Bundeskanzler Dr. Konrad Adenauer anlässlich seiner ersten Amerikareise ausrichtete, und begegnete bei dieser Gelegenheit fast dem gesamten damaligen Bundeskabinett sowie Persönlichkeiten wie dem Raketenspezialisten Werner von Braun, dem Dirigenten Herbert von Karajan, Prinz Louis Ferdinand von Preußen und anderen mehr. Ein Ereignis ist mir in besonderer Erinnerung geblieben, das große Abschiedskonzert zu Ehren von Bundeskanzler Adenauer, dirigiert von dem jungen, damals noch wenig bekannten Herbert von Karajan. Das Publikum war festlich gekleidet, die Herren fast alle im Smoking. Am Ende des Konzerts wurde die deutsche Nationalhymne gespielt, zum ersten Mal in den Vereinigten Staaten nach dem Krieg. Es war die weiche Haydn'sche Version, in der die Streicher dominieren. Keine martialischen Klänge und natürlich kein Horst-Wessel-Lied am Schluss. Das Publikum hatte sich erhoben. Im ersten Rang, den ich von meinem Parkettplatz aus gut einsehen konnte, standen ein paar alte Herren. Es waren deutsche Juden, Frontkämpfer aus dem ersten Weltkrieg, die als Naziverfolgte nach Amerika ausgewandert waren. Sie trugen das Eiserne Kreuz erster Klasse auf der Brust, und die Tränen rannen ihnen über die Wangen. Ein ergreifender Anblick! Da bekam auch ich feuchte Augen.

Das Washington der fünfziger Jahre war aber auch Schauplatz der großen Rassenkonflikte zwischen Schwarz und Weiß. Kein Schwarzer wurde in einem Restaurant in den weißen Wohngegenden bedient, und für Weiße war es gefährlich, sich ohne besonderen Grund in den schwarzen Wohngegenden sehen zu lassen. Es herrschte noch strenge Segregation, d.h. Rassentrennung, besonders auch im Wissenschafts- und Bildungsbereich, in Kirchen und Schulen. Die Schwarzen hatten in diesen Bereichen ihre eigenen Einrichtungen, die jedoch hinsichtlich Niveau und Ausstattung mit weißen Institutionen nicht vergleichbar waren. Nur die Auslandsvertretungen, besonders der europäischen Länder waren im Umgang mit der schwarzen Bevölkerung etwas lockerer. Sie unterlagen nicht der amerikanischen Gesetzgebung und unterhielten wenn auch keine offiziellen und gesellschaftlichen, so doch gelegentliche amtliche und persönliche Kontakte zu schwarzen Vertretern von Vereinen, Schulen und Kirchen, besonders wenn diese mit Fragen und Wünschen an sie herantraten. Angehörige der schwarzen Mittel- und Oberschicht wurden bei den europäischen Botschaften stets freundlich angehört, wenn sie Information und Beratung wünschten.

Der renommierte Cosmos Club, wo sich die Kulturreferenten der Botschaften einmal im Monat zum Mittagessen trafen, war der einzige Ort in Washington, wo Schwarz und Weiß friedlich beieinander sitzen konnten. Dass auch eine weiße Lady mit dabei war, gefiel den schwarzen Gästen natürlich besonders gut. Vereinzelt erschienen im Cosmos Club Abgesandte aus Afrika, die die Haltung Washingtons zur angestrebten Unabhängigkeit ihrer Länder vorsichtig sondieren sollten. Sie trugen stets ihre Stammestracht, um nicht mit amerikanischen Schwarzen verwechselt zu werden. Eines Tages fragte mich der Vorsitzende unseres Kulturreferentenclubs, ob er mir den Abgesandten der ehemaligen deutschen Kolonie Togo als Tischherrn zuteilen dürfe, der sei in seinem Land ein großer Häuptling, und er wolle ihm eine besondere Ehrung erweisen. Natürlich war ich einverstanden, denn auch ich empfand das als besondere Ehre. Es erschien ein großer stattlicher Mann im knöchellangen, ärmellosen weißen Gewand, die Arme mit zahlreichen Goldreifen geschmückt, um die Schultern ein Leopardenfell und eine Leopardenfellmütze auf dem Kopf. Er sprach gut Deutsch und erzählte mir stolz, dass Herzog Adolf Friedrich von Mecklenburg, der letzte deutsche Gouverneur von Togo der Taufpate seines Vaters gewesen sei.

Hin und wieder erhielt ich in meinem Büro Besuch von schwarzen Kulturschaffenden, Pfarrern, Lehrern usw., die Information und Beratung wünschten und sich sehr für die Verhältnisse in der jungen Bundesrepublik Deutschland interessierten, von denen ihre dort bei den amerikanischen Streitkräften stationierten Söhne berichteten. So kam es, dass ich eines Tages vom Pfarrer einer schwarzen freikirchlichen Gemeinde, sie nannte sich lutherisch-reformiert, gebeten wurde, doch einmal seinen Gottesdienst zu besuchen. Wegen der nicht ganz ungefährlichen Fahrt durch die schwarzen Wohngebiete brauche ich mir keine Sorgen zu machen. Er und seine Frau würden mich abholen und zurückbringen. Wir fuhren zu einer kleinen schmucklosen Holzkirche, die aber, was mir sogleich auffiel, über zwei Kanzeln verfügte, eine große für den Prediger und eine kleinere, über deren Bedeutung ich mir nicht klar war. Die Kirche war bis auf den letzten Platz gefüllt. Alle wollten die weiße Lady aus Deutschland sehen. Der Pfarrer stellte mich mit einer kurzen Ansprache vor, und auch ich richtete ein paar Begrüßungsworte an die Gemeinde. Es war ein fröhlicher Gottesdienst mit viel Musik, rhythmischem Händeklatschen und einem Tanz der Kinder um den Altar. Auf der Rückfahrt fragte ich den Pfarrer nach der Bedeutung der zweiten Kanzel. „Das ist die Laienkanzel. Jedes Gemeindemitglied, das meint, im religiös-kirchlichen Bereich etwas Wichtiges sagen zu müssen, kann es von dort aus tun." „Übrigens", fuhr er verschmitzt fort, „ich könnte Sie mir als Gast auf unserer Laienkanzel sehr gut

vorstellen." „Mich, wieso?", fragte ich erstaunt. „Zum Bei-
spiel könnte ich mir vorstellen, dass Sie meiner Gemeinde
etwas über deutsche Weihnachtsbräuche erzählen. Wir
haben doch jetzt Adventszeit. Die Leute wissen, dass
Weihnachten in Europa und besonders in Deutschland
anders gefeiert wird als in den Vereinigten Staaten, und da
wäre es doch interessant, wenn Sie ihnen etwas darüber
berichten würden." Nach einigem Zögern sagte ich zu, zumal ich wusste, dass in der Bibliothek der Botschaft geeig-
nete Literatur zu diesem gar nicht so einfachen Thema
vorhanden war. Die Kirche war rappelvoll, auch einige Bot-
schaftsangehörige waren gekommen. Nach der Predigt des
Pfarrers und adventlicher Zwischenmusik bestieg ich die
Laienkanzel und hielt meinen Vortrag. Die Gemeinde
spendete mir freundlichen Beifall. In der weißen Presse
erschien nichts über meinen ungewöhnlichen Auftritt, in
der schwarzen nur eine kurze Notiz. Zu angespannt waren
die Beziehungen zwischen den Rassen. Aber der Pfarrer
ließ meinen Vortrag vervielfältigen und als Flugblatt weit
über die Gemeinde hinaus verteilen unter folgender Über-
schrift:

```
        Advent and Christmas in Germany

             Address delivered by
             Miss Brigitte Franke
      Cultural Attache of the German Embassy
   At the Lutheran Church of the Reformation
      Washington, D. C., December 2, 1956
```

Eines Tages rief mich mein finnischer Kollege an. Er habe ein schwarzes Professorenehepaar zum Abendessen in ein in der Nähe meiner Wohnung gelegenes Restaurant eingeladen. Der Besitzer sei liberal gesinnt und toleriere gelegentliche schwarze Gäste, wenn sie in weißer Begleitung erschienen. Ob ich nicht Lust hätte dazuzukommen. Ich kam gern. Wir betraten alle gemeinsam das Restaurant. Die anwesenden, ausschließlich weißen Gäste nahmen keine Notiz von uns. Während des Essens ergaben sich interessante Gespräche. Der schwarze Professor war ein hochgebildeter Mann. Plötzlich kamen zwei junge Männer herein, Weiße. Sie hockten sich an die Bar, bestellten Drinks und begannen nach einer Weile, anzügliche und beleidigende Bemerkungen in unsere Richtung zu machen. Wir ignorierten das. Als sie nicht damit aufhörten, sondern abfällige Sprüche gezielt gegen die beiden Damen richteten, wurde es unserem Gastgeber zuviel. Der hünenhafte Finne erhob sich, packte die beiden Burschen und schob sie zur Tür hinaus. Die übrigen Gäste taten, als bemerkten sie nichts. Nach etwa einer viertel Stunde kam er zurück, ohne die beiden. „Was haben Sie mit den Burschen gemacht?", flüsterte ich besorgt. „Keine Angst", lachte er. „Denen ist nichts passiert. Ich habe sie nur in einer abgelegenen Ecke des Parkplatzes etwas unsanft abgestellt und ihnen eine kurze Ansprache gehalten, die sie wohl so schnell nicht vergessen werden. Die kommen nicht zurück, ihre Drinks bezahle ich. Gern hätte ich ihnen eine Tracht Prügel verpasst, aber so etwas darf man sich als ausländischer Diplomat leider nicht erlauben." Auch wir gingen, unsere Stimmung war etwas getrübt. In meiner nahegelegenen Wohnung fand der Abend bei Rotwein und Käse dennoch einen harmonischen Ausklang.

Eines Abends fuhr ich nach einem offiziellen Essen nach Hause. Es war spät, und ich war müde, kannte die Stadt noch nicht gut und war wohl irgendwo falsch abgebogen, denn plötzlich bemerkte ich zu meinem Schrecken, dass ich mich hinter dem Kapitol befand, mitten in einem Schwarzenwohngebiet, schlecht beleumundet und bekannt für seine hohe Kriminalitätsrate. Die Gegend wurde von weißen Amerikanern tunlichst gemieden, vor allem bei Nacht. Was nun? Die Benzinuhr meines Wagens tendierte bedenklich gegen Null. Ich fuhr im Schritttempo weiter und überlegte: „Nur keine Panik!" Plötzlich sah ich vor mir in einiger Entfernung eine Tankstelle. Sie wirkte ziemlich heruntergekommen und war schlecht beleuchtet. Drei schwarze Männer saßen am Boden und spielten Karten. Ich verdrängte meine Angst, fuhr geradewegs auf sie zu und stieg aus. „Good evening, Gentlemen", sagte ich tapfer. Sie schauten mich finster an. Eine Weiße! Was hatte die hier zu suchen, mitten in der Nacht. „Gentlemen", hatte sie gesagt, sollte das ein Witz sein? Kein weißer Amerikaner hätte in den fünfziger Jahren Vertreter der schwarzen Minderheit mit Gentlemen angeredet, aber das wusste ich damals noch nicht. Einer der Männer, anscheinend der Boss stand auf und kam auf mich zu. Er musterte mich und mein Auto durchdringend. Die Situation war ungemütlich.

Seine Augen fielen auf mein Nummernschild, und plötzlich grinste er. „Ach so, eine Ausländerin, CD – Corps Diplomatique – das waren die Leute, die mit dicken Autos durch die Gegend fuhren, von nichts eine Ahnung hatten, aber alles besser wussten." „What's your home country?", fragte er barsch. „Germany", antwortete ich. „Germany?" Es klang nicht unfreundlich. „Which city?" Instinktiv sagte ich, „Frankfurt", denn das Hauptquartier der Besatzungsarmee kannte jeder Amerikaner, während Bonn, der Regierungssitz der jungen Bundesrepublik Deutschland vielen noch kein Begriff war. „Oh, Frankfurt, my son was there as a soldier, nice city, pretty girls, he liked it, told me all about it." Meine Angst schwand. Ich spürte, ein Funke war übergesprungen, und plötzlich war da ein Kontakt von Mensch zu Mensch. Ich lächelte, und er fragte höflich: „What can I do for you, Lady?" „Full service, please", antwortete ich. Das bedeutete Volltanken, Öl und Kühlwasser nachfüllen, Reifendruck prüfen, Front- und Heckscheibe sowie Seitenfenster waschen. Er nickte zufrieden. Mit einem Auftrag dieser Größenordnung zu so später Stunde hatte er nicht gerechnet. Während seine Männer sich an die Arbeit machten, erzählte ich ihm, dass ich erst kurze Zeit in Washington sei und mich verfahren hätte, ob er mir den Weg zur Wisconsin Avenue erklären könne. Er grinste, „feine Gegend, nur Weiße", und zeigte mir auf einer Straßenkarte, wie ich zu fahren hätte. Ich bedankte mich, zahlte und legte noch ein saftiges Trinkgeld drauf. Als ich eingestiegen war, beugte er sich zum Wagenfenster hinunter

und ermahnte mich fast väterlich, in Zukunft besser auf-
zupassen. „And don't come back here, this is no place for
white ladies." Erleichtert fuhr ich ab, das war noch einmal
gut gegangen

V) STOCKHOLM

Meine Zeit in Montreal und Washington, also insgesamt drei Jahre Nordamerika von 1955 bis 58 waren vergangen. Jetzt standen mir zwei Monate Heimaturlaub zu. Das Auswärtige Amt ließ mich wissen, dass ich nach Beendigung des Heimaturlaubs nicht mehr nach Washington zurückkehren würde. Das bedeutete, eine Versetzung war fällig, wohin würde man mir nach Eintreffen in Bonn mitteilen. Die Personalabteilung machte es immer sehr spannend. Ich verlebte einen erholsamen Heimaturlaub in Deutschland, davon die Hälfte in Bonn, wo mir schließlich mitgeteilt wurde, dass ich nach Stockholm versetzt worden sei. Das war mir recht. Ein kleines, politisch neutrales Königreich im hohen Norden Europas würde sicher ein interessantes Kontrastprogramm zum American Way of Life bieten. Ich freute mich und wurde nicht enttäuscht. An der Botschaft traf ich einen alten Kollegen und Freund aus der gemeinsamen Ausbildungszeit wieder, Legationsrat Götz von Groll. Er und seine Frau standen mir in den ersten Tagen und Wochen mit Rat und Tat zur Seite und halfen mir, das Einleben zu erleichtern. Gemeinsam besuchten wir auch einen schwedischen Sprachkurs. Das war zwar nicht obligatorisch, wurde aber von der schwedischen Seite gern gesehen. Wie alle kleinen Völker, deren Sprache im Stimmengewirr auf der großen

Stadthaus Stockholm

Gemälde

Weltbühne kaum Gehör findet, freuen sich die Schweden, wenn die ausländischen Diplomaten sich für ihre Sprache interessieren und sich bemühen, sie zu erlernen, obwohl sie nur kurze Zeit im Lande sind und die erworbenen Kenntnisse später nur selten wieder gebrauchen können. Die offiziellen Verkehrssprachen in Politik und Wirtschaft auf internationaler Ebene sind Englisch und Französisch. Deutsch war zwölf Jahre nach dem Zweiten Weltkrieg erst langsam wieder im Kommen, und viele Schweden waren Deutschland und den Deutschen gegenüber noch sehr zurückhaltend.

Nicht zuletzt um diese Zurückhaltung zu überwinden, besuchte Willy Brandt, damals Regierender Bürgermeister von Berlin, im Jahre 1960 Stockholm auf Einladung der Sozialdemokratischen Partei Schwedens und hielt einen vielbeachteten Vortrag. Auf dem anschließenden Empfang sprach mich der Leiter der Deutschlandabteilung des schwedischen Außenministeriums an. „Nun, Frau Dr. Franke, haben Sie sich gut bei uns eingelebt, und was machen Ihre schwedischen Sprachkenntnisse? Ich habe gehört, Sie lernen fleißig." „Oh ja", antwortete ich nicht ohne Stolz. „Ich glaube, ich habe gute Fortschritte gemacht, jedenfalls konnte ich dem Vortrag von Herrn Brandt im Großen und Ganzen gut folgen." „Dass Sie dem Vortrag folgen konnten, ist ja sehr erfreulich, aber Ihre Schwedischkenntnisse sind durchaus noch ausbaufähig", antwortete mein Gesprächspartner amüsiert. „Sie haben nämlich nicht bemerkt, dass Herr Brandt norwegisch gesprochen hat. Er hat ja, wie Sie wissen, viele Jahre in Norwegen als Emigrant gelebt, spricht fließend norwegisch und weiß, dass wir Schweden die Sprache unseres Nachbarlandes gut verstehen." Ich muss wohl ein ziemlich dummes Gesicht gemacht haben, denn er tröstete mich lachend. „Nehmen Sie es nicht tragisch, das wird schon. Mein Tipp: kaufen Sie sich einmal eine schwedische und eine norwegische Zeitung. Vergleichen Sie die Texte, dann werden Sie schnell merken, wo die Unterschiede und wo die Gemeinsamkeiten liegen." Es geht doch nichts über einen guten Rat von kompetenter Seite!

Im Frühjahr 1961 wurde der Botschaft vom Auswärtigen Amt mitgeteilt, dass in Kürze ein Wechsel an der Spitze der Behörde stattfinden würde. Das sind dann immer spannende Wochen und Tage, bis man weiß, wer der neue Chef ist. Es stellte sich heraus, dass er ein jovialer, humorvoller Mann war, den guten Seiten des Lebens nicht abgeneigt, im Gegensatz zu seinem Vorgänger, der den Typ des trockenen preußischen Beamten verkörperte. Einige Tage nach seiner Ankunft ließ mich der neue Botschafter zu sich rufen. „Demnächst werde ich dem König mein Beglaubigungsschreiben überreichen", begann er ohne Umschweife. „Wie Sie wissen, ist das in Monarchien mit einem aufwendigen Zeremoniell verbunden, auf das man sich gut vorbereiten muss. Der Hof hat mir soeben mitgeteilt, dass vier meiner engsten Mitarbeiter mich begleiten dürfen als Gefolge. Ich habe vor, Sie mitzunehmen, allerdings nur,

König Gustav VI Adolf von Schweden

1882 – 1973

wenn Sie bereit sind, vor dem König einen Hofknicks zu machen." Ich sah ihn erstaunt an. „Vor einem alten Herrn und König", antwortete ich, „das ist doch selbstverständlich. Warum sollte ich nicht dazu bereit sein?" „Es freut mich, dass Sie diese Einstellung haben", erwiderte er. „Ich kenne nämlich Damen, die höfische Umgangsformen als überholt ablehnen. Sie übersehen dabei leider, das nur Menschen mit geringem Selbstwertgefühl Respektbezeugungen gegenüber Höhergestellten als Demutsgeste missverstehen." Ich hatte im Laufe meines Berufslebens noch mehrfach Gelegenheit, über diese klugen Worte nachzudenken. Er sah mich prüfend an. „Können Sie überhaupt einen Hofknicks machen? Ich meine einen richtigen, nicht bloß so einen angedeuteten?" Da ich wusste, dass er Sinn für Humor hatte, antwortete ich: „In meinem Elternhaus ist mir diese Grußform zwar nicht beigebracht worden, aber ich denke, ich kriege das schon hin." „So, denken Sie?", antwortete er, erhob sich und kam hinter seinem Schreibtisch hervor. „Darauf möchte ich mich aber nicht verlassen." Ich stand auf, und er stellte sich vor mich. „So, ich spiele jetzt den König, und Sie machen vor mir übungshalber einen Hofknicks. Dann werde ich ja sehen, wie gut Sie das können", sagte er und reichte mir huldvoll seine Hand. Gerade als ich mich anschickte vor ihm niederzusinken, öffnete sich eine Seitentür, und seine Sekretärin trat ein. Sie blieb wie angewurzelt stehen. „Was machen Sie denn da", rief sie entsetzt. „Das sehen Sie doch", antwortete der Botschafter trocken. „Wir üben Hofknicks!

Bitte stören Sie uns nicht!" Beleidigt zog sie sich in ihr Büro zurück. Ich habe lange gebraucht, ihr Wohlwollen wiederzugewinnen, denn dass **ich** unseren Chef zu dem aus ihrer Sicht unangemessenen Verhalten verleitet hatte, darüber bestand für sie nicht der geringste Zweifel. Nach dieser Unterbrechung ließ mich der Botschafter den Hofknicks wiederholen. So ganz zufrieden war er nicht. „Sie haben beim Hochkommen mit dem Standbein gewackelt und außerdem meine Hand zu fest gehalten. Das muss noch besser werden. Üben Sie abends nach Dienstschluss zu Hause. Türklinken sind dafür bestens geeignet. Nächste Woche sehen wir uns wieder."

Eine weitere Frage, die zu klären war, betraf die Kleiderordnung. Für die Herren war sie mal wieder einfach: Frack, Zylinder, weiße Handschuhe und, wer hatte, Orden. Der Zylinder sei in der behandschuhten Rechten zu tragen und würde den Herren beim Betreten des Audienzsaales von einem Bediensteten abgenommen. So stand es in den Bekleidungsvorschriften für derartige Anlässe. Aber was war mit mir? Es wurde beim Protokoll angefragt. Die Antwort ließ etwas auf sich warten. Immerhin war es das erste Mal in der über tausendjährigen Geschichte Schwedens, dass eine Dame bei der feierlichen Überreichung des „Lettre de créance" eines Botschafters zugegen war, so der Protokollchef zum Botschafter. Dann erging folgender Bescheid: festliches Teekleid, möglichst einfarbig, aber nicht schwarz oder weiß und natürlich kniebedeckt, keinen Hut, dezenter Schmuck, Ärmel kurz oder lang, wenn kurz, dann lange

Handschuhe. Eine in solchen Dingen erfahrene Dame aus der deutschen Kolonie nahm sich meiner an. Ich erstand mit ihrer Hilfe in einem der ersten Modehäuser Stockholms ein Prachtstück in silbergrau, das den protokollarischen Vorgaben entsprach.

Dann war es soweit. Am 2. Juni 1961 rollten die königlichen Kutschen an, um Botschafter nebst Gefolge abzuholen. Die erste Kutsche war vierspännig und wurde von vier prächtigen braunen Rossen gezogen. Auf dem Bock saß ein Kutscher in goldbetresster Livree mit einem Dreispitz auf dem Kopf. Auf dem hinteren Trittbrett standen zwei ebenfalls livrierte Lakaien. In dieser Kutsche nahm der Botschafter Platz, zusammen mit dem Introducteur des Ambassadeurs, einem Zeremonienmeister des Hofes, zu dessen Aufgaben es gehörte, die mehrmals im Jahr stattfindenden Einführungen neuer Botschafter beim König vorzubereiten. Die Kutsche war reich verziert mit goldenen Wappen und Krönchen. Die zweite Kutsche, etwas weniger prächtig, aber auch sehr dekorativ, gezogen von zwei Pferden und mit nur einem Lakai auf dem hinteren Trittbrett, war für unsere beiden Botschaftsräte bestimmt. In die dritte Kutsche, mit nur einem Pferd, ohne Lakai hintendrauf und nur recht sparsam mit Gold verziert, durften mein Kollege, Legationsrat Götz von Groll und ich einsteigen. Der Zug setzte sich in Bewegung, die Uferpromenade Strandvägen entlang Richtung königliches Schloss. Am Straßenrand standen eine Menge Leute, die das seltene

Der deutsche Botschafter
in Begleitung des Introducteurs
auf dem Wege zum König

Schauspiel genossen und fröhlich winkten. Ich winkte mit mciner rosafarben behandschuhten Hand gnädig zurück. Zwei alte Damen unter den Zuschauern machten verlegen lächelnd einen zaghaften kleinen Knicks. „Die halten dich für eine Prinzessin", frotzelte Kollege Götz, der in seinem Frack, wenn auch – noch – ohne Orden, sehr dekorativ aussah. „Ich hoffe, dass dein Knicks nachher vor dem König etwas bühnenreifer ausfällt, sonst könnte deine Karriere gefährdet sein." „Spotte nur", antwortete ich, „Du brauchst dich ja nur zu verbeugen." Unter solch munteren Gesprächen erreichten wir den Schlosshof. An der Auffahrt zum Schloss waren Soldaten in historischen Uniformen aufgestellt, die bei unserem Eintreffen ein lautes Fanfarengeschmetter ertönen ließen. Wir stiegen aus, streng nach Rangordnung versteht sich, und wurden vom Introducteur in den Audienzsaal geführt, an dessen Stirnseite sich der Thron befand. Im Saal warteten bereits einige ordensgeschmückte Hofräte in Galauniform, um uns zu begrüßen. Dann öffneten sich die Flügel einer Seitentüre, und König Gustav VI Adolf, 79 Jahre alt, Großvater des jetzt regierenden Königs Karl VI Gustaf trat ein, eine Schriftrolle in der Hand, und stellte sich neben den Thron. Der Botschafter, ebenfalls eine Schriftrolle haltend, trat einige Schritte vor, verneigte sich und verlas sein Beglaubigungsschreiben. Der König las aus seiner Schriftrolle die Antwort ab. Es handelte sich hierbei um Standardtexte, die im Wesentlichen Höflichkeitsfloskeln enthielten und von denen nur geringfügig abgewichen werden durfte. Der Botschafter überbrachte dem König die Grüße unseres Bundespräsidenten, die der König anschließend erwiderte, indem er dankte und dem Botschafter versicherte, dass er dessen verdienstvolle Tätigkeit zum Wohle beider Völker stets unterstützen werde. Üblicherweise werden solche Reden auf Französisch oder Englisch, den beiden offiziellen Sprachen der internationalen Diplomatie gehalten. Unser Botschafter aber durfte seine Rede auf Deutsch halten, da der König unsere Sprache perfekt beherrschte. Anschließend begaben sich die beiden Herren in einen neben dem Audienzsaal liegenden kleinen Salon, wo sie etwa eine halbe Stunde hinter verschlossenen Türen und unter vier Augen die deutsch-schwedischen Beziehungen etwas konkreter erörterten. Den im Audienzsaal wartenden Gefolgsleuten wurden in dieser Zeit edle Getränke und delikate Häppchen gereicht, und die zu ihrer Unterhaltung abgeordneten Hofbeamten bemühten sich redlich, ihnen mit Smalltalk auf hohem Niveau die Zeit zu verkürzen. Ein netter älterer Herr, der an mich geraten war, wusste offenbar nicht so recht, worüber er mit der Dame reden sollte. Um ihm aus der Verlegenheit zu helfen, fragte ich nach der Bedeutung der Orden, die seine Brust zierten. Er lächelte dankbar und erläuterte mir ausführlich den Unterschied zwischen dem roten und dem schwarzen Adlerorden. Dann öffneten sich die Flügeltüren des Salons, König und Botschafter kehrten in den Audienzsaal zurück.

Jetzt begann die Vorstellung. Der Botschafter nannte nacheinander Rang und Namen der drei Herren seiner Begleitung. Der König reichte ihnen die Hand, und sie verbeugten sich. Dann war ich an der Reihe. Alle Anwesenden schauten gespannt auf mich, und obwohl ich inzwischen gelernt hatte, die Wechselfälle des Diplomatenlebens mit Gelassenheit zu meistern, hatte ich doch etwas Herzklopfen. Mein Hofknicks klappte einwandfrei. Der König lächelte und richtete ganz gegen das Protokoll das Wort an mich. „Wo sind Sie beheimatet?" „In Merseburg, Majestät", antwortete ich, und da ich merkte, dass er mit dieser Auskunft nicht viel anfangen konnte, fügte ich hinzu, „das ist eine kleine Stadt ganz in der Nähe des Dorfes Lützen, wo Euer Majestät berühmter Vorgänger Gustav II Adolf im Dreißigjährigen Krieg am 16. November 1632 den Heldentod fand." Der König sah mich überrascht an. „Sie haben aber im Geschichtsunterricht gut aufgepasst", sagte er anerkennend und reichte mir die Hand zum Abschiedshofknicks. Die Audienz war beendet. Wir bestiegen unter erneutem Fanfarengeschmetter unsere Kutschen und fuhren zurück zur Botschaft, wo eine Menge Schaulustiger, darunter viele deutsche Touristen uns bereits erwartete. Anschließend lud ein sichtlich erleichterter Botschafter sein Gefolge zu einem Drink in das nahegelegene Grand Hotel ein, um sich für unseren Beitrag zum Gelingen seines großen Auftritts zu bedanken. Zu mir gewandt sagte er jedoch: „Ihnen muss ich leider eine Rüge erteilen. Man plaudert nicht mit dem König bei einem derartigen Anlass einfach so!" „Aber Herr Botschafter", verteidigte ich mich, „der König hat doch das Gespräch mit mir angefangen, und es hat ihn doch interessiert, was ich gesagt habe." „Stimmt", antwortete der Botschafter, „und das war Ihr Glück. Falls Sie aber in Zukunft wieder einmal einem König vorgestellt werden sollten, seien Sie bitte etwas zurückhaltender." Hoffentlich werde ich sobald keinem König mehr vorgestellt, dachte ich im Stillen. Das ist doch eine reichlich komplizierte Angelegenheit. Mein Wunsch erfüllte sich nicht. Gut zwei Jahre später, genau gesagt am 14. September 1963, stand ich wieder vor einem König. Aber diesmal war alles anders.

The Los Angeles World Affairs Council

and

The City of Los Angeles

cordially invite you to attend a

Civic Dinner

in honor of

Their Majesties

The King and Queen of Afghanistan

Saturday evening, the fourteenth of September

Nineteen hundred and sixty-three

at seven-thirty o'clock

Ambassador Hotel

Los Angeles, California

VI) LOS ANGELES

Ich war inzwischen als Konsulin an das Generalkonsulat Los Angeles versetzt worden und hatte die Umstellung auf das ganz andere Leben in Kalifornien noch nicht völlig verkraftet, als ich nebenstehende Einladung erhielt. Der König von Afghanistan, Mohammed Sahir Schah hatte sich mit seiner Familie wegen der ständigen Unruhen in seinem Land vorübergehend nach Los Angeles abgesetzt. Er suchte eine Sommerresidenz in Südkalifornien, hieß es beschönigend. Das World Affairs Council und der Oberbürgermeister von Los Angeles nahmen gern die Gelegenheit wahr, für die Majestäten einen Empfang und ein festliches Diner in einem der besten Hotels der Stadt auszurichten. Die Gäste waren hochrangige Persönlichkeiten aus Politik und Wirtschaft. Bekannte Hollywood-Stars sowie die ausländischen Konsuln waren ebenfalls geladen. Die Damen trugen ein beliebiges Cocktailkleid, die Herren Smoking oder dunklen Anzug. Man aß an runden Tischen. An einem großen Tisch in der Mitte des Speisesaals saßen die Spitzen der Behörden mit König und Königin sowie einigen Ehrengästen, nur diese wurden dem König namentlich vorgestellt. Oberbürgermeister und König tauschten Grußworte aus. Die Atmosphäre war angenehm locker. Nichts erinnerte an höfisches Zeremoniell.

Hollywood Bowl

Die Sommerresidenz in Südkalifornien sollte bald ständiger Aufenthalt der königlichen Familie werden. Zwar kehrte der König zunächst wieder nach Afghanistan zurück, wurde aber 1973 durch Staatsstreich gestürzt und musste endgültig ins Exil gehen. Noch einmal, im Jahre 2002 war es ihm vergönnt, seine von den Taliban befreite Heimat wieder zu sehen, aber da war er ein gebrochener alter Mann von 86 Jahren, der für sein Volk nichts mehr tun konnte.

Am Anfang schien mir Los Angeles ein Traumposten zu sein. Strand, Sonne, Palmen, fast das ganze Jahr Frühling – was will man mehr? Ich fand schnell eine schöne, hochmoderne Wohnung am Rande von Hollywood und lernte bei gesellschaftlichen Anlässen auch einige Größen der Filmwelt kennen, darunter Marilyn Monroe und Elizabeth Taylor. Mit letzterer hatte ich auch dienstlichen Kontakt wegen der Adoption ihrer deutschen Pflegetochter Maria, denn ich war Leiterin der Rechts- und Konsularabteilung geworden. Durch diese Tätigkeit verlor Kalifornien für mich viel von seiner Aura als Traumposten.

Im Großraum Los Angeles mit damals etwa sieben Millionen Einwohnern lebten ca. zwei Millionen Juden, darunter viele Emigranten aus Deutschland und Überlebende aus deutschen Konzentrationslagern. Es war die Zeit der Vorbereitung des großen Auschwitzprozesses in Frankfurt, und meine Hauptaufgabe bestand darin, die mir von deutschen Gerichten benannten, im Amtsbezirk des Generalkonsulat wohnhaften ehemaligen KZ-Insassen vorzuladen und als Zeugen zu vernehmen. Die Vernehmungsprotokolle musste ich dann an die zuständigen deutschen Gerichte senden, die ihrerseits aus der Fülle des Materials die für Aussagen auf der Hauptverhandlung in Frankfurt in Betracht kommenden Zeugen auswählten. Diese Tätigkeit, die sehr anstrengend und seelisch belastend war, war bereits vor mir von einer Frau ausgeübt worden, einer Kollegin, die, wie ich immer wieder hörte, vorbildliche Arbeit geleistet hatte. An ihr musste ich mich messen lassen.

Los Angeles
1963

Warum betraute das Auswärtige Amt, das Frauen gegenüber immer noch eher zurückhaltend war, ausgerechnet mich mit einer so schwierigen Aufgabe? Die Antwort gaben die zu vernehmenden Ex-Häftlinge selbst. Einer brachte es auf den Punkt: „Vor Ihnen habe ich keine Angst", sagte er zu mir. „Aber wenn an Ihrer Stelle ein Mann säße, weiß ich denn, was der im Krieg gemacht hat, vielleicht war er auch bei der SS." Das Erscheinen der Zeugen auf dem Generalkonsulat war selbstverständlich freiwillig. Manche kamen nicht, weil sie, wie sie mitteilten, es nicht ertragen würden, ihre schrecklichen Erlebnisse in einer Vernehmung noch einmal aufleben zu lassen. Die, die kamen, waren zunächst sehr aufgeregt und unsicher. Ich versuchte sie zu beruhigen, meist erfolgreich, indem ich ihnen eine Tasse Tee oder Kaffee anbot und eine Weile mit ihnen über harmlose Alltagsdinge plauderte. Das trug mir den Vorwurf eines Inspekteurs ein, ich arbeite zu langsam. Drei bis vier Vernehmungen pro Woche seien zu wenig. Ich bat den Herrn daraufhin einmal an so einer Vernehmung als stummer Gast teilzunehmen. Er revidierte daraufhin sein Urteil schnell, denn außer den psychologischen gab es auch sprachliche Probleme. Viele der aus Polen oder Russland stammenden Ex-Häftlinge sprachen immer noch schlecht Englisch, manche nur ein Gemisch aus Jiddisch und Deutsch, das noch schwieriger zu verstehen war. Meine Vernehmungsstrategie erwies sich als richtig. Ich bekam eine Anzahl von Briefen aus meiner Klientel, in denen meine Geduld und Freundlichkeit gelobt wurden. Darüber habe ich mich sehr gefreut.

Es gab aber noch ein anderes Ereignis, dass einen langen Schatten auf meinen Aufenthalt in Los Angeles warf. Die Ermordung von Präsident John F. Kennedy in Dallas am 22. November 1963. Ich hörte die Nachricht in meinem Autoradio, als ich zum Flugplatz fuhr, um einen deutschen Professor abzuholen, der auf Einladung der Universität von Los Angeles nach Kalifornien gekommen war. Fröhlich und erwartungsvoll kam er mir in der großen Empfangshalle entgegen. Als er mich erblickte, stutzte er und sagte: „Was machen Sie denn für ein Gesicht, ist etwas passiert?" „Allerdings", antwortete ich. „Präsident Kennedy ist vor ein paar Stunden in Dallas ermordet worden. Das ganze Land steht unter Schock. Einzelheiten sind bisher nicht bekannt, und ich kann zurzeit nicht beurteilen, ob sich unter diesen Umständen ihr Besuchsprogramm wie vorgesehen durchführen lässt. Ich bringe Sie jetzt erst einmal in Ihr Hotel, dann gehen wir gemeinsam zum Essen und besprechen alles Weitere." Wir fuhren schweigend durch die fast menschenleeren Straßen in das in unmittelbarer Nachbarschaft des Generalkonsulats gelegene Ambassador Hotel. Das Hotel, in dem sonst reger Betrieb herrschte, wirkte wie ausgestorben. Wir betraten eines der Restaurants. Es waren keine Gäste darin. An einer Säule im Hintergrund lehnte der Restaurantchef und weinte. Ich ging auf ihn zu und sagte fast schüchtern: „Ich habe einen Gast bei mir, gerade aus Deutschland angekommen. Wir würden gern essen, wenn es möglich ist." Er sah mich vorwurfsvoll an als wollte er sagen: „Der Präsident ist gerade ermordet worden, und Sie denken ans Essen?" Aber dann riss er sich zusammen. „Selbstverständlich können Sie essen. Suchen Sie sich einen Platz. Ich schicke Ihnen Bedienung." Während wir aßen, betraten zwei gut gekleidete Paare das Restaurant, die offensichtlich der gehobenen schwarzen Mittelschicht angehörten. Sie setzten sich an einen Tisch in unserer Nähe und wurden anstandslos bedient. Zwar war die Rassentrennung in Kalifornien offiziell inzwischen aufgehoben, aber private Einrichtungen, besonders Hotels und Restaurants verstanden es immer noch gut, schwarze Amerikaner mit Tricks und Ausreden fern zu halten. Ich hatte den Eindruck, dass diese farbigen Gäste testen wollten, ob der Einsatz des Präsidenten für ihre Bürgerrechte auch nach seinem Tod noch Gültigkeit hatte. Im gleichen Hotel wurde nur zwei Jahre später Robert Kennedy, Bruder und designierter Nachfolger von John F. ermordet. Aber da war ich schon wieder in Bonn.

VII) BONN

Zu meiner Bonner Zeit war Willi Brandt Außenminister. Viele Bedienstete des Auswärtigen Amtes sahen in ihm den menschlichsten und freundlichsten Chef, den diese Behörde bisher hatte, der angeblich nur selten Druck ausübte und eine positive Einstellung zu Frauen im diplomatischen Dienst hatte. Ich bin ihm zum ersten Mal begegnet, als ich von meinem Vorgesetzten zu einer wichtigen Sitzung geschickt wurde, an der nur hochrangige Beamte teilnahmen. Sie wurde vom Minister persönlich geleitet. Ich sollte mich, falls erforderlich, nur zu ein paar Einzelfragen äußern, in denen ich mich aufgrund meiner täglichen Arbeit gut auskannte und dann die Sitzung wieder verlassen. Diese Information war aber wohl nicht zu allen Teilnehmern durchgedrungen. Bei Betreten des Sitzungssaals trafen mich daher erstaunte bis missbilligende Blicke. Was hatte diese Dame hier zu suchen? Die gehörte doch gar nicht in diese hochkarätige Versammlung. Doch bevor ich zu diesem Punkt befragt werden konnte, öffnete sich die Tür, der Minister trat ein. „Guten Morgen meine Herren." Er war im Begriff den Stuhl des Vorsitzenden aufzusuchen, als er mich erblickte. „Oh, da haben wir ja auch eine Dame!" Er kam auf mich zu, gab mir die Hand und stellte sich mit einer angedeuteten Verbeugung vor. „Brandt." „Aber Herr Minister", sagte ich erstaunt, „ich kenne Sie doch." „Persönlich noch nicht.", lächelte er verschmitzt und begab sich an seinen Platz. Die hochkarätigen Herren schalteten eilends ihre missbilligenden Blicke auf wohlwollend um. Die Sitzung konnte beginnen.

Eines Tages wurde mir mitgeteilt, dass ich dem Referat Völkerrecht und Vereinte Nationen als Mitarbeiterin zugeteilt worden sei und mich nach Rückkehr aus dem Urlaub unverzüglich bei der Leiterin desselben zu melden hätte. Diese Dame war im Jahre 1964 die erste und einzige Frau, die einen wichtigen leitenden Posten im Auswärtigen Amt innehatte. Ich war ihr schon einmal vor vielen Jahren begegnet. Damals war ich eine junge Studentin am Dolmetscher-Institut der Universität Heidelberg, sie, etwa zehn Jahre älter, wissenschaftliche Assistentin eines international bekannten Professors. Ich sah meiner neuen Aufgabe mit gemischten Gefühlen entgegen, denn die Materie war mir nicht sehr vertraut, und außerdem hatte ich schon immer den Eindruck, dass besagte Dame andere Frauen, ob berechtigt oder unberechtigt, mehr als Konkurrentinnen denn als Mitstreiterinnen betrachtete. Ich erschien pünktlich zur angegebenen Zeit und näherte mich ihrem Vorzimmer, als plötzlich die Tür aufging und sie herauskam. Als sie mich erblickte, stutzte sie einen Augenblick, kam dann geradewegs auf mich zu und sagte ohne Umschweife: „Brigitte Franke, ich habe persönlich nichts gegen Sie, aber ich möchte Sie nicht in meinem Referat haben. Ich bin eine Frau, ich habe bereits eine Mitarbeiterin, und eine weitere möchte ich nicht! Die Vereinten Nationen sind kein Ladies

Club. Ich werde die Personalabteilung entsprechend verständigen." Sprach's und rauschte davon Richtung Fahrstuhl. Dass in ihrem Großreferat auch noch zwei gestandene Männer tätig waren, schien in diesem Zusammenhang keine Rolle für sie zu spielen. Ich war so verblüfft, dass ich den älteren Herrn, der in einiger Entfernung auf der gegenüberliegenden Seite des Ganges stand und die Szene offensichtlich beobachtet hatte, zunächst gar nicht bemerkte. Er kam langsam auf mich zu und sagte sichtlich amüsiert: „Da hat Ihnen die hohe Dame ja eine schöne Abfuhr erteilt, nehmen Sie es nicht tragisch!" Dann stellte er sich vor als Leiter des Südostasien-Referats. „Südostasien! Diese Weltregion war schon immer mein Traum. Wie gern würde ich die Länder dort einmal kennen lernen, aber das wird wohl kaum möglich sein", sagte ich. „Wer weiß", antwortete er, und dann plötzlich: „Hätten Sie Interesse in mein Referat einzutreten? Ich brauche dringend Verstärkung." Diese überraschende Wendung der Dinge musste ich erst einmal verkraften. „Im Prinzip schon", antwortete ich zögernd. „Aber ich verstehe nicht viel von Südostasienpolitik." „Oh meine Liebe, das lässt sich ändern." sagte er. „Sie müssten allerdings bereit sein, nach Dienstschluss hin und wieder ein paar Überstunden zu investieren. Da ich selbst zum Ärger meiner Frau das Büro selten vor 20 Uhr verlasse, könnte ich mich gelegentlich persönlich um die Vertiefung Ihrer asienpolitischen Kenntnisse kümmern." Ich überlegte. Eröffnete sich hier für mich eine neue Chance? Gehörte dieser Mann, den ich persönlich bisher nicht kannte, zu dem immer noch kleinen Kreis derjenigen leitenden Herren, die dem Weiterkommen der Frauen im Auswärtigen Dienst positiv gegenüberstanden? „Sie müssen sich nicht gleich entscheiden", sagte er beruhigend. „Fahren Sie jetzt erstmal nach Hause, überlegen Sie sich die Sache in Ruhe, und kommen Sie morgen Vormittag in mein Büro. Dann sehen wir weiter." Im engeren Kreis der Kollegen und Freunde nahm man meine positive Entscheidung mit einigem Kopfschütteln zur Kenntnis. „Hast Du nicht gewusst, dass dieser Mann den Ruf hat, ein schwieriger Chef zu sein? Sehr anspruchsvoll, leicht aufbrausend und ungeduldig. Hoffentlich geht das gut." Es ging gut. Denn abgesehen von den genannten Eigenschaften hatte er noch eine andere eher seltene. Er war ein Kavalier alter Schule, der mit einer Dame trotz aller Gleichberechtigung grundsätzlich anders umging als mit männlichen Mitarbeitern. Während letztere sich gelegentlich harsche Kritik an ihrer Arbeit anhören mussten, sagte er zu mir nachsichtig: „Das war leider wenig hilfreich, was sie da produziert haben, meine Liebe!" Eine solche Bewertung meiner Arbeit hat aber nur einmal stattgefunden.

Eines Abends, man schrieb das Jahr 1967, und ich machte mal wieder Überstunden zwecks Weiterbildung in Asiatica, rief er mich zu sich. Als ich sein Büro betrat, erhob er sich, zupfte aus dem Blumenstrauß, der auf seinem Schreibtisch stand, eine schon etwas angewelkte Nelke und überreichte sie mir mit den Worten: „Ich möchte Ihnen einen Antrag machen." Ich sah ihn erstaunt an. Was würde jetzt kommen? Er fuhr fort: „Vor einigen Tagen bin ich zum Botschafter in Indonesien ernannt worden. Damit geht für mich ein lang gehegter Wunsch in Erfüllung, und ich möchte Sie fragen, ob Sie Interesse haben mitzukommen. Ich würde gern den derzeit vakanten Posten des Kulturreferenten mit Ihnen besetzen. Sie wollten doch schon immer gern nach Südostasien. Überlegen Sie es sich, aber nicht zu lange." Ich konnte die ganze Nacht vor Aufregung nicht schlafen. Die Erfüllung meines Traumes war zum Greifen nahe gerückt. Am nächsten Morgen sagte ich zu.

VIII) JAKARTA

Es gab bisher nur wenige Frauen, die in asiatischen Ländern in verantwortlichen Positionen tätig waren. Seit der Wiedereröffnung des Auswärtigen Amtes im Jahre 1951 hatten sich die Frauen langsam, aber stetig die Welt der Diplomatie erobert. Ausgehend von den Regionen, in denen Frauen traditionell eine emanzipierte Stellung einnahmen wie in Skandinavien und Nordamerika und wohin auch ich am Anfang meiner Laufbahn geschickt worden war, hatten sie sich im Laufe der Jahre auch Positionen in den südeuropäischen, den südamerikanischen Ländern und sogar in der Sowjetunion erobert. Aber nach Asien, besonders in das islamische Asien und Indonesien ist ein islamisches Land, zögerte das Auswärtige Amt noch Frauen zu entsenden. In meinem Fall lagen die Dinge jedoch etwas anders. Der Botschafter wollte mich mitnehmen und würde dann auch hinter mir stehen, sollte es einmal Schwierigkeiten geben. Also gab die Personalabteilung grünes Licht, nicht zuletzt in der Hoffnung, vielleicht später wieder einmal eine Frau in dieses Land schicken zu können. Wie ich bereits in einem anderen Zusammenhang dargelegt habe, nimmt Indonesien eine Sonderstellung in der islamischen Welt ein. Fernab von den arabischen Ländern, in denen der Islam seinen Ursprung hat, zum Teil umgeben von buddhistischen und christli-

Wachablösung in Jakarta

Der neue deutsche Botschafter (rechts)
überreicht Präsident Suharto
sein Beglaubigungsschreiben

Dezember 1970

chen Staaten, hatte es damals nur wenig gemein mit dem fanatischen Fundamentalismus der harten Wüstensöhne des Maghreb und des Vorderen und Mittleren Orients. Die Indonesier sind Kinder der Südsee. Sie sind geprägt von einer langen hinduistischen Tradition, die erst im 13. Jahrhundert allmählich vom Islam überlagert wurde, sich aber dennoch bis heute gehalten hat. Das Kopftuch ist in großen Teilen Indonesien unbekannt. Die Frauen tragen meist weiße oder bunte Blusen (Kebaya), dazu knöchellange Wickelröcke (Sarong), die mit kunstvollen Batikmustern bedruckt sind. Ihre schönen langen schwarzen Haare sind entweder zusammengedreht zu einem dekorativen Knoten im Nacken oder kunstvoll aufgesteckt mit Zierkämmen und bei festlichen Anlässen sogar mit Blumen. Mir wurde bald klar, dass mich in diesem Land kaum Schwierigkeiten erwarten würden. Meine indonesischen Partner im Außenministerium, die zum Teil bereits in Bonn an der dortigen indonesischen Botschaft tätig waren, akzeptierten mich ganz selbstverständlich. Nur einmal weigerte sich ein Ex-General, der nach dem Bürgerkrieg vom neuen Staatspräsidenten Suharto mit einem hohen Posten in der Verwaltung belohnt worden war, mit mir zusammenzuarbeiten. Er wollte nur mit dem Botschafter verhandeln. Doch der machte ihm höflich klar, dass er ein bestimmtes Arbeitsgebiet an mich delegiert hätte und ich dort zumal in Detailfragen viel besser Bescheid wüsste als er. So blieb dem armen General nichts anderes übrig, als sich mit mir zu arrangieren, und da ich ihm stets mit großer Zuvorkommenheit begegnete, kamen wir im Laufe der Zeit ganz gut miteinander aus.

Wie locker damals das Verhältnis mancher Indonesier, besonders der indonesischen Diplomaten zu bestimmten Vorschriften des Korans war, zeigt folgende Begebenheit. Es ist üblich, dass die in Jakarta akkreditierten Botschafter anlässlich der Nationalfeiertage ihrer Länder einen Empfang geben, zu dem hochrangige Indonesier aus Politik, Kultur und Verwaltung sowie Angehörige der ausländischen Vertretungen eingeladen werden. Natürlich wird bei diesen Gelegenheiten auch Alkohol ausgeschenkt. Fromme Moslems können ja auf andere Getränke ausweichen. Auf einem solchen Empfang kam ich zufällig an der Bar vorbei und wurde unbeabsichtigt Zeugin, wie ein mir bekannter Indonesier sich vom Barkeeper einen doppelten Whisky einschenken ließ. Ich tat, als ob ich nichts gesehen hätte und ging weiter. Aber er kam fröhlich auf mich zu, sein Whiskyglas in der Hand und sagte, als er meinen erstaunten Blick sah: „Der Prophet hat den Weingenuss verboten. Von Whisky hat er nichts gesagt!"

In Indonesien habe ich auch zum ersten Mal die Bedeutung der Entwicklungshilfe kennen gelernt, insbesondere die aufopfernde und segensreiche Tätigkeit der aus Holland und Deutschland stammenden Missionare auf diesem Gebiet. Fast 90 % der indonesischen Bevölkerung bekennt sich zum Islam, der Staatsreligion ist. Die Missionare durften daher nur in weit entlegenen Gebieten wirken, in denen eine Urbevölkerung lebt, die noch Naturreligionen anhängt. Die indonesische Regierung tolerierte die Tätigkeit der Missionare, da sie selbst nicht über die Mittel und Möglichkeiten verfügte, sich um diese Eingeborenen zu kümmern. Wenn so ein Missionar vielleicht einmal in vielen Jahren die Gelegenheit hatte, nach Jakarta zu kommen, um dort dringende Angelegenheiten zu erledigen, sprach er natürlich auch bei seiner Botschaft vor, um kostenloses Material für seine Arbeit zu erbitten, vor allem Bücher, Zeitschriften, Schreibutensilien usw. Ich habe mich immer bemüht, im Rahmen des Möglichen zu helfen und wurde als Dank dafür im Jahre 1969 eingeladen, einmal mit einem Missionsversorgungsschiff von der Insel Ambon aus zu einer kleinen vorwiegend von Papuas bewohnten Insel vor der Küste West-Irians (früher Neuguinea) mitzufahren, um einen dort lebenden und wirkenden alten Pater zu besuchen.

Das Eintreffen des Versorgungsschiffes etwa zwei bis drei Mal im Jahr war jedes Mal **das** Ereignis im Leben der Eingeborenen. Schon Stunden vor der erwarteten Ankunft war fast die gesamte Bevölkerung am Strand und starrte gebannt aufs Meer, bis endlich am Horizont ein kleiner Punkt auftauchte, der langsam größer wurde. Das konnte nur das Schiff sein, eine andere Möglichkeit gab es nicht. Und diesmal, so raunte man sich zu, sollte sogar eine Frau an Bord sein, eine weiße Frau. Das hatten die Fischer erzählt, die dem Schiff entgegengesegelt waren. Eine weiße

Deutsche Botschaft in Jakarta (rechts)

Reisbauerndorf

1971

Frau, so jemand hatten die Insulaner noch nie gesehen. Weiße Männer ja, schließlich waren die Patres weiße Männer. Aber eine weiße Frau? Ich wurde daher nach Eintreffen und während meines Aufenthalts aus ehrfürchtigem Abstand gebührend bestaunt. Auf der kleinen Insel Kei Ketijl, wo wir an Land gingen, lebte und wirkte seit dreißig Jahren Pater van Lith als Seelsorger, Arzt, Lehrer und Ratgeber. Was das bedeutet, kann nur der ermessen, der diese Insel gesehen hat. Nur wenn das Versorgungsschiff kam, hatte er die Möglichkeit, sich einen Tag lang mit seinesgleichen, d.h. mit dem Amtsbruder, der das Schiff befehligte, auszutauschen und zu erfahren, was in der großen weiten Welt so alles passierte. Er besaß zwar ein altersschwaches Radio, konnte damit aber nur einen indonesischen Sender auf Ambon empfangen. Eines Tages würde er auf der Insel sterben und von seinen eingeborenen Pfarrkindern begraben werden, auf einer kleinen unbekannten Insel am Ende der Welt. Wir waren am Morgen angekommen und mussten am Abend schon wieder abfahren. Weitere Inseln warteten dringend auf die Ankunft des Versorgungsschiffes. Ich sehe noch heute vor meinem geistigen Auge den morschen Landungssteg und die einsame winkende Gestalt in Soutane, die kleiner und kleiner wurde, als das Schiff sich entfernte.

Nach drei Jahren merkte ich, dass es mir plötzlich schwer fiel, das Klima zu ertragen. Der Botschaftsarzt hielt aus gesundheitlichen Gründen eine Versetzung in ein gemäßigtes Klima für erforderlich, und der Turnus war sowieso zu

Ende. Aus persönlichen Gründen wäre ich gern wieder nach Bonn gegangen, aber das Auswärtige Amt betraute mich stattdessen gegen Ende des Jahres 1972 mit der Leitung des Generalkonsulats Bilbao in Nordspanien.

IX) BILBAO

Mein Amtsbezirk umfasste die drei baskischen Unruheprovinzen Vizcaya, Guipuzcoa und Alava sowie die Provinzen Santander, Logroño, Burgos, Navarra, Leon und Oviedo, also den gesamten spanischen Norden mit Ausnahme der Provinz Galicia im äußersten Nordwesten des Landes. Meine Amtszeit fiel in die Jahre 1972 bis 75, die letzten Regierungs- und Lebensjahre des spanischen Diktators Francisco Franco. Es hätte eine schöne Zeit werden können, wenn nicht die berüchtigte Terrororganisation ETA, die die Loslösung der drei baskischen Provinzen von Spanien erzwingen wollte, mit ihren Bombenanschlägen und Entführungen, von denen auch deutsche Staatsangehörige, die in Spanien lebten und arbeiteten, betroffen waren, mir das Leben schwer gemacht hätten. Ich war die erste Frau, die in Spanien ein Generalkonsulat leitete, und diese Tatsache erregte das übliche Aufsehen in Presse und Öffentlichkeit. Persönliche Schwierigkeiten hatte ich nicht, ganz im Gegenteil. Die spanischen Männer sind stolz auf ihren Ruf Caballeros, Kavaliere zu sein, die sich besonders ritterlich gegen Frauen verhalten. Von meinen Kollegen wurde ich freudig begrüßt und schon nach kurzer Zeit zur Vizepräsidentin des Konsularcorps ernannt. Die Tatsache, dass ich im Gegensatz zu meinen Vorgängern fließend Spanisch sprach, wurde mit Befriedigung zur Kenntnis genommen und besonders von meinen südamerikanischen Kollegen sehr geschätzt. Im Generalkonsulat herrschte ein angenehmes Betriebsklima, Grundlage für eine gedeihliche Zusammenarbeit mit den Mitarbeiterinnen und Mitarbeitern, die vier Jahre andauern sollte.

Vor meiner Abreise nach Bilbao suchte ich meinen inzwischen nach Bonn zurückgekehrten Vorgänger auf, um mir von ihm, soweit möglich, die dortige Situation erklären zu lassen und einige Tipps und Ratschläge zu holen. Er gab mir bereitwillig Auskunft, und ich bin ihm noch heute dankbar dafür, denn zwischen Jakarta und Bilbao liegen Welten, und seine Informationen haben wesentlich dazu beigetragen, dass es mir gelang bestimmte Anfangsfehler zu vermeiden und nicht in einige der vorhandenen Fettnäpfe zu treten. Von Amts wegen hatte ich keinerlei Informationen über meinen neuen Posten erhalten. „Man wird Sie sehr genau beobachten", sagte er. „Schließlich sind Sie die erste Frau auf diesem Posten, aber Schwierigkeiten haben Sie nicht zu befürchten, bis vielleicht auf eine innerhalb der eigenen Behörde." Ich sah ihn erstaunt an. „Ist Ihnen der Name Lore Koch ein Begriff?" Ich verneinte. „Diese Dame ist die Chefsekretärin, eine sehr tüchtige Frau. Sie kennt Sie aus Ihrer gemeinsamen Studienzeit am Dolmetscherinstitut der Universität Heidelberg, und als sie von Ihrer Ernennung zur Generalkonsulin hörte, bat sie mich, ihren Versetzungsantrag zu befürworten. Sie arbeite als Frau grundsätzlich nicht für eine andere Frau und schon gar nicht für eine ehemalige Mitstudentin. Sie erinnern sich wirklich nicht an diese Dame?" „Doch", sagte ich. „Jetzt erinnere ich mich, wenn auch etwas vage. Wir beide gehörten zu den Lehrgangsbesten, aber persönliche Beziehungen bestanden zwischen uns nicht, also auch keine Abneigung oder Konflikte irgendwelcher Art." „Vielleicht hat Frau Koch Sie damals schon als Konkurrenz empfunden, und Sie haben das gar nicht bemerkt. Die Tatsache, dass Sie es sehr viel weiter gebracht haben, kann sie offenbar nur schwer verkraften." „Das könnte sein", erwiderte ich. „Was meinen Sie, wie ich mich jetzt verhalten sollte?" „Ich habe Frau Koch geraten", fuhr er fort, „keine vorschnellen Entschlüsse zu fassen, sondern sich ihre ehemalige Mitstudentin erst einmal anzusehen. Wenn sie mit der nicht zurechtkommen sollte, könne sie ja immer noch Konsequenzen ziehen. Aber bitte Frau Kollegin, lassen Sie es sich nicht anmerken, dass ich Sie vorab informiert habe." Am Tage meines Dienstantritts in Bilbao bat ich alle Mitarbeiter zu einem Umtrunk in mein Büro und lud Frau Koch, und nur sie, anschließend zum Essen in ein renommiertes Restaurant ein um, wie ich ihr sagte, alte Heidelberger Erinnerungen aufzufrischen. Es wurde ein sehr ausgedehntes Essen. Aber danach war die Lage geklärt. Sie blieb, und es gab in der mehrjährigen Zusammenarbeit keine Probleme zwischen uns.

Es galt jedoch noch ein anderes „Damenproblem" zu lösen. Als bekannt wurde, dass der neue deutsche Generalkonsul eine Frau sei, erhielt ich eine Reihe von Einladungen von den Ehefrauen spanischer Persönlichkeiten zu Damentees,

Bridgenachmittagen, Ausflügen usw. Es kostete mich einige Mühe, den potentiellen Gastgeberinnen klarzumachen, dass die Teilnahme an derartigen Veranstaltungen nicht zu meinem Aufgabengebiet gehörte. Erst als ich anlässlich einer Besichtigung des Stahlwerkes Altos Hornos de Vizcaya angetan mit Overall und Schutzhelm auf einem Pressefoto zu sehen war, setzte sich bei den Damen die Erkenntnis durch, dass ich für andere Tätigkeiten nach Bilbao entsandt worden war.

Bilbao

Bilbao, am wegen seiner Stürme berüchtigten Golf von Biscaya gelegen, war als Hafenkonsulat zugleich auch Seemannsamt, d.h. Anlaufstelle für Offiziere und Mannschaften deutscher Schiffe, wenn sie Probleme hatten. Neunzig Prozent der Schiffe waren Handelsschiffe, und bei denen kam es aufgrund der hohen Windstärke und des starken Wellengangs öfter mal zu einem Verrutschen der Ladung im Schiffsbauch, die auch die Manövrierfähigkeit des Schiffes beeinträchtigen konnte. In solchen Fällen mussten die Kapitäne auf dem Generalkonsulat erscheinen und einen Bericht (Verklarung) über den Hergang des Geschehens abgeben. Sein Inhalt wurde von einer Mitarbeiterin auf ein dafür vorgesehenes Formular übertragen. Anschließend kamen Mitarbeiterin und Kapitän damit zu mir. Ich las den Bericht noch einmal genau durch, stellte, wenn erforderlich, Zusatzfragen und vereidigte anschließend den Kapitän auf den Wahrheitsgehalt seiner Angaben. Dies war notwendig, da das Generalkonsulat keine Möglichkeit hatte die Richtigkeit der Verklarung zu überprüfen und der Empfänger der möglicherweise beschädigten Ladung unter Umständen hohe Entschädigungsforderungen geltend machen könnte. Die Berechtigung zur Abnahme von Eiden war mir im Rahmen meiner konsularischen Befugnisse vom Auswärtigen Amt zuerkannt worden. Ein alter Seebär, der sich diesem Prozedere unterziehen musste, war zutiefst beeindruckt. Zurück im Besucherraum verkündete er dem wartenden Publikum folgendes: „Ich bin seit vielen Jahren Kapitän und habe alle sieben Weltmeere befahren. Aber dass mir gleich zwei Weiber eine Verklarung abgenommen haben, das habe ich heute zum ersten Mal erlebt."

In meinem Amtsbezirk befand sich auch ein Gefängnis, in das unter anderem die in Nordspanien straffällig gewordenen Deutschen sowie andere Ausländer eingeliefert wurden. Es war eine Art Vorzeigegefängnis in einem zu diesem Zweck umgebauten alten Fort, direkt am Meer gelegen, unweit der Stadt Santander. Ein großer Teil der Insassen waren Kleinkriminelle, Autodiebe, Handtaschenräuber, Zechpreller, Scheckbetrüger, kleine Drogendealer usw., die nach Absitzen einer relativ kurzen Gefängnisstrafe in ihre Heimatländer abgeschoben wurden. Ihre Opfer waren überwiegend Touristen. Es war offensichtlich, dass die Behörden dem Ausland ein günstiges Bild vom humanen spanischen Strafvollzug vermitteln wollten. In den großen Strafanstalten im Landesinneren, in denen auch viele politische Gefangene einsaßen, sah es anders aus. Dieses Gefängnis wollte ich besuchen und mir persönlich ein Bild von den dort herrschenden Zuständen machen, denn das deutsche Konsulargesetz schreibt vor, dass sich die Konsuln in bestimmten Zeitabständen um die einsitzenden deutschen Staatsangehörigen zu kümmern und eventuellen Beschwerden nachzugehen hätten. Also setzte ich mich mit dem Gefängnisdirektor in Verbindung, um ihm meinen Besuch anzukündigen. Seine Reaktion war nicht gerade ermutigend. Ob ich mir das wirklich antun wolle, fragte er höflich zurück. Es würde doch genügen, einen Mitarbeiter zu schicken. Noch nie hätte eine Dame in offizieller Funktion sein Gefängnis besucht, und er wüsste nicht, wie die Gefangenen, die monate-, zum Teil jahrelang keine Frau zu Gesicht bekommen hätten, auf mein Erscheinen reagieren würden. In dieser Zeit befanden sich zwei deutsche Gefangene dort, einer von ihnen hatte an mich persönlich geschrieben und um meinen Besuch gebeten. Ich bestand also darauf selbst zu kommen, und der Direktor musste sich damit abfinden. So machte ich mich mit dem Dienstwagen auf den Weg, nur begleitet bzw. gefahren von meinem treuen Chauffeur Julian Diaz. Als wir in den Gefängnishof einfuhren, hingen sämtliche Gefangenen an den Gitterstäben ihrer Fenster, johlten, pfiffen, winkten – aber nicht unfreundlich. Sie betrachteten meinen Besuch offensichtlich als eine willkommene Abwechslung bzw. eine große Gaudi. Der Direktor begrüßte mich freundlich und lud mich erst einmal zum Mittagessen in seine Privatwohnung ein. „Wir essen heute das Gleiche, was die Gefangenen auch bekommen, damit Sie sich ein Bild von der Verpflegung machen können. Nur das Glas Wein, das ich Ihnen als meinem Gast kredenze, und den Nachtisch bekommen die Gefangenen natürlich nicht." Bei dem Hauptgericht, das die Gefangenen auch bekamen, handelte es sich um einen wohlschmeckenden Gemüseeintopf mit etwas Fleisch darin. Es war nichts daran auszusetzen. Dann wurde ich, begleitet von zwei Gefängniswärtern, in den Besucherraum geführt, und der erste Gefangene wurde hereingebracht. Zuvor hatte ich Gelegenheit gehabt, einen Blick in seine Strafakte zu werfen und wusste, dass es sich um einen Drogendealer und Einbrecher handelte, auf den der Begriff „Kleinkrimineller" nur mit äußerstem Wohlwollen anzuwenden war. Er benahm sich auch entsprechend, schimpfte über alles und jedes, auf den Direktor, auf mich, weil ich erst jetzt gekommen sei, auf das Essen, auf den Strafvollzug insgesamt usw. Als ich ein paar Fragen stellte und versuchte, mit ihm ins Gespräch zu kommen, wurde er derart unverschämt und aggressiv, dass ich ihn wieder abführen ließ. Zu versuchen, das Gespräch fortzuführen, wäre sinnlos gewesen. Ganz anders der zweite Deutsche. Ein nett aussehender junger Bursche, bei dessen Anblick ich mich fragte, wie er wohl auf die schiefe Bahn geraten sein konnte. Als er meiner ansichtig wurde, schossen ihm die Tränen in die Augen. „Oh Frau Konsul, wie schön, dass Sie da sind, ich hatte schon Angst, Sie hätten meinen Brief nicht erhalten." Nachdem er sich beruhigt hatte, bat ich ihn, mir zu erzählen, wie so ein netter junger Mann wie er in einem spanischen Gefängnis landen konnte. Er war Tischlergeselle und wollte nach bestandener Prüfung auch mal etwas von der großen weiten Welt sehen. So war er nach Spanien getrampt, und als das Geld knapp wurde, hatte sich eine „erfahrene spanische Freundin" seiner angenommen und ihn zu diversen Straftaten zwecks Geldbeschaffung verleitet. Dann wurde der Boden zu heiß, die „Freundin" tauchte ganz schnell ab, und die Polizei hatte leichten Zugriff auf den naiven jungen Deutschen. Ich fragte ihn, was ich für ihn tun könne. „Bitte, Frau Konsul", flehte er, „sorgen Sie dafür, dass meine Mutter nicht erfährt, wo ich wirklich bin. Ich habe ihr geschrieben, dass ich noch ein Weilchen in Spanien bleiben wolle, ich hätte Arbeit gefunden (in der Gefängnistischlerei) und ein preiswertes Zimmer (seine Zelle). Sobald ich genügend Geld gespart hätte, würde ich nach Hause kommen." Ich ermahnte ihn, sich weiterhin gut zu führen und sich vor allem von dem anderen Deutschen fern zu halten. Auch solle er sich nach erfolgter Entlassung in Bilbao beim Generalkonsulat melden. Wir würden dann für seine Heimschaffung sorgen. Nach etwa drei Monaten meldete sich ein strahlender junger Mann bei mir um sich zu bedanken und zu verabschieden. Er versprach mir nie wieder derartige Dummheiten zu machen.

Höhepunkt meiner Tätigkeit in Bilbao war im Juli 1972 der offizielle Besuch eines deutschen Minensuchgeschwaders. So ein Flottenbesuch, neun Schiffe, 350 Mann Besatzung sowie das ganze protokollarische Drum und Dran ist für ein kleines Generalkonsulat eine große Herausforderung, besonders wenn den Akten keine verwertbaren Erkenntnisse und Erfahrungen zu entnehmen sind, weil der letzte Flottenbesuch schon viele Jahre zurückliegt. Ich wurde nach Madrid zur Botschaft beordert, und der Militärattaché erklärte mir genau den protokollarischen Ablauf eines solchen Großereignisses. Gegen Ende unseres Gespräches sagte er: „Wenn Sie sich dieser für Sie neuen Aufgabe allein nicht gewachsen fühlen, bin ich gern bereit in der fraglichen Zeit nach Bilbao zu kommen und Ihnen zur Seite zu stehen." Ich lehnte dankend ab und sagte nicht ohne ironischen Unterton: „Selbstverständlich werde ich dafür sorgen, dass Sie am letzten Tag des Besuches zum Abschiedsessen, das die Spitzen der Behörden für die deutschen Marineoffiziere geben, auch eingeladen werden. Dann können Sie sich ein Bild vom Ablauf der Ereignisse machen." Er verstand. Der Abschied war etwas kühl.

Zurück in Bilbao suchte ich den Marinekommandanten und den Militärgouverneur der Provinz Vizcaya auf. Beide Herren waren für den militärischen Ablauf des Besuchs zuständig, der ja in erster Linie ein Manöver sein sollte, in dem das Geschwader die Aufspürung von Wasserminen in küstennahen Gewässern zu üben hatte. Da die Bundesrepublik Deutschland nur wenig Küste besitzt, werden solche Übungen vorzugsweise in den Gewässern befreundeter Staaten durchgeführt, die über viel Küste verfügen – wie z.B. Spanien. Vier Tage sollte dem Geschwader Gelegenheit gegeben werden, militärische Übungen durchzuführen, aber auch Land und Leute kennenzulernen und freundschaftliche Beziehungen zur einheimischen Bevölkerung zu knüpfen. Ich schaltete zwei großformatige Anzeigen in die beiden regionalen Tageszeitungen, in denen ich die Bevölkerung von den bevorstehenden Ereignissen in Kenntnis setzte und um freundliche Aufnahme der deutschen Seeleute sowie, soweit möglich, um Mitwirkung bei der Veranstaltung bat. Das Echo war sehr positiv. Zwei spanische Clubs taten sich zusammen, um einen großen Tanzabend zu organisieren. Die deutsche Schule stellte ihre Busse für Ausflugsfahrten für die Besatzungen zur Verfügung. Eine Anzahl spanischer und deutscher Familien erklärten sich bereit, Besatzungsmitglieder zum Essen zu sich nach Hause einzuladen. Ein Fußballspiel, spanische Soldaten gegen deutsche Matrosen wurde organisiert sowie eine Besichtigung der Schiffe durch die Bevölkerung. In der ganzen Stadt und darüber hinaus herrschte erwartungsfrohe

Stimmung. Ich war wohl die einzige, die die frohe Erwartung nicht unbeschwert genießen konnte, denn ich trug die Gesamtverantwortung für den reibungslosen Ablauf des umfangreichen Programms.

Das Minensuchgeschwader sollte am 7. Juli frühmorgens in den Hafen von Bilbao einlaufen. Um 10 Uhr sollte ich an Bord des Mutterschiffs die Offiziere begrüßen, mit ihnen ein kleines Frühstück einnehmen, dann mit den Herren in die Stadt fahren, um sie dem Zivilgouverneur vorzustellen. Damit wäre dann das Besuchsprogramm offiziell eröffnet. Das Hafenbecken, in dem das Geschwader vor Anker lag, befand sich auf der Westseite der Ria von Bilbao. Ria werden die langen, schmalen, tief ins Land eindringenden Buchten genannt, die für die kantabrische Küste charakteristisch sind. Sie werden oft fälschlich für Flussmündungen gehalten. Auf der Ostseite, ziemlich genau gegenüber befand sich der Amtssitz des Zivilgouverneurs, eines Ex-Generals aus dem Bürgerkrieg und ergebenen Dieners Francos, der ihn mit diesem Posten belohnt hatte. Der Gouverneur war ein steifer, ziemlich humorloser Herr. Meine Tätigkeit und meine Person beobachtete er seit meinem Amtsantritt nicht ohne Argwohn. Außerdem war er – ganz unspanisch – von einer geradezu fanatischen Pünktlichkeit und erwartete diese selbstverständlich auch von anderen. Die Vorstellung der Offiziere war für 12 Uhr anberaumt. Ich war mir bewusst, dass vom Erfolg dieses ersten Auftritts so ziemlich alles Weitere abhing und machte daher mit meinem treuen Fahrer Julian Diaz eine Probefahrt rund um die Ria, vom Anlegeplatz des Geschwaders bis zum Gouverneurssitz. Meine Befürchtung war begründet. Die Strecke war in der vorgesehenen Zeit auch bei geringem Verkehrsaufkommen nicht zu bewältigen. Es gab nur eine Alternative – die Ria mit einem schwimmenden Untersatz zu überqueren. Ich trug dem Marinekommandanten mein Problem vor und bat ihn, mir eine kleine Fähre, ein Motorboot oder Ähnliches zur Verfügung zu stellen, um mit den deutschen Offizieren übersetzen zu können. „Wo denken Sie hin, Señora!", rief er entsetzt. „Die Ria ist ein Hafen für Kriegsschiffe und große Transporter. Ich verfüge über kein Schiff für Personenverkehr." Ich gab nicht nach. „Wir müssen eine Möglichkeit finden, die Offiziere überzusetzen, Señor Commandante", sagte ich. „Wenn wir nicht pünktlich beim Zivilgouverneur sind, gerät das ganze Programm ins Wanken." Schließlich sagte er seufzend: „Ich werde sehen, was ich tun kann." Das war mir zu wenig. Ich verbrachte eine schlaflose Nacht. Am nächsten Abend war ich zum Essen eingeladen. Mein Tischherr war ein reicher spanischer Geschäftsmann. Ich klagte ihm mein Leid. „Aber das ist doch kein Problem, Señora", sagte er. „Ich besitze eine kleine Privatyacht, sie liegt nicht weit von hier in einem Fischereihafen vor Anker. Wie viel Personen sind sie denn?" „Acht", antwortete ich. „Dafür habe ich genügend Platz. Es wird mir ein Vergnügen sein, die deutschen Offiziere und Sie mit meiner Yacht über die Ria zu schippern." Ich atmete auf. Gerettet! Ein bisschen Glück braucht man eben auch, wenn man ein Unternehmen erfolgreich durchführen will. Am frühen Morgen des 7. Juli liefen die deutschen Schiffe in die Ria ein, ich begrüßte die Offiziere an Bord. Wir frühstückten zusammen, und ich erläuterte bei dieser Gelegenheit noch einmal das vorgesehene Programm, besonders den unmittelbar bevorstehenden Besuch beim Zivilgouverneur. Gemeinsam gingen wir dann an Bord der Yacht meines spanischen Freundes, der uns wie versprochen unterstützt von einem Matrosen über die Ria steuerte. Vor dem Gouverneurspalast erwarteten uns schon eine Menge Schaulustige. Die Turmuhr der nahe gelegenen Kirche begann langsam zu schlagen. Gemessenen Schrittes stiegen wir die Stufen zum Eingangsportal hinauf, und mit dem Verhallen des letzten Schlages standen wir vor dem Zivilgouverneur. Der war beeindruckt, denn eine gewisse verkehrsbedingte Verspätung hatte er wohl stillschweigend einkalkuliert. Fortan hatte er für mich immer eine offene Tür und ein offenes Ohr, während meine Kollegen oft lange auf einen Termin warten mussten. „Frau müsste man sein", seufzte einer von ihnen. Die Geschichte machte die Runde, und ich erhielt den Spitznamen „La Prussiana", die Preußin.

Nach diesem gelungenen Auftakt lief das weitere Programm reibungslos ab. Es herrschte eine fröhliche, gelöste Stimmung in der gesamten Bevölkerung, wie bei einem großen Volksfest. Sogar das in Bilbao oft unbeständige Wetter zeigte sich von seiner besten Seite, und nicht einmal die baskische Terrororganisation ETA, meine geheime große Sorge, machte sich in diesen Tagen bemerkbar. Beim Abschiedsessen für den Geschwaderkommandeur und seine Offiziere, zu dem auch der deutsche Militärattaché aus Madrid geladen wurde, bekam ich viele anerkennende Worte zu hören.

Am nächsten Morgen, dem 11. Juli, verließ das Geschwader ohne weiteres Zeremoniell den Hafen in Richtung Nordsee. Der Besuch des 6. Minensuchgeschwaders der Deutschen Bundesmarine in Bilbao war beendet. Erschöpft, aber glücklich fiel ich zu Hause in meinen Liegestuhl auf dem Balkon und genehmigte mir erst einmal einen freien Tag. Als ich wieder ins Büro kam, erwartete mich eine besondere Überraschung. Mein Kollege, der argentinische Generalkonsul und Präsident des Konsularcorps erschien mit einem großen Blumenstrauß um mir zum Erfolg der Veranstaltung zu gratulieren. „Zu Anfang hatte ich etwas Angst um Sie", gestand er mir. „Warum?", fragte ich erstaunt. „Vor einer Reihe von Jahren, ich war damals junger Vizekonsul in Barcelona, besuchte uns ein argentinisches Kriegsschiff. Leider lief damals nicht alles nach Plan. Es gab unter anderem diverse Prügeleien und Besäufnisse im Bereich der Hafenkneipen, so dass die spanische Polizei einschreiten musste. Aber hier hatten Sie, Ihre Mitarbeiter und die deutschen Offiziere alles im Griff. Unsere Kollegen vom Konsularcorps und ich haben den Ablauf des Flottenbesuches genau beobachtet, und wir waren sehr beeindruckt vom tadellosen Auftreten der jungen Marinesoldaten." Das war für mich von all den freundlichen Worten, die ich zu hören bekommen hatte, das schönste Kompliment.

Es ist so gut wie unvermeidlich, dass man im Laufe seines Berufslebens zumindest auf einem Posten dem Inspekteur begegnet. Das ist ein hochrangiger Beamter, meistens ein Botschafter, der begleitet von einem Sachbearbeiter und einer Sekretärin nach einem festgelegten Plan durch die Welt reist und die Tätigkeit der einzelnen Auslandsvertretungen überprüft nach dem bekannten Lenin'schen Motto „Vertrauen ist gut, Kontrolle ist besser." Das Ergebnis seiner Feststellungen übermittelt er dem Auswärtigen Amt, das daraus seine Schlüsse zieht. Auch in Bilbao erschien kurzfristig angekündigt eines Tages das Inspektorenteam und begann seine Arbeit, wie mir schien mit besonderer Gründlichkeit. Der Registrator musste bergeweise Akten heranschleppen, und der Inspekteur führte Vier-Augen-Gespräche mit jedem meiner Mitarbeiter, natürlich auch mit mir. „Ihr Chef ist aber sehr genau", sagte ich zu seiner Sekretärin. „Ja", antwortete sie lächelnd. „Auf der diesjährigen Tour ist das Generalkonsulat Bilbao die einzige Vertretung, die von einer Dame geleitet wird, und das interessiert ihn natürlich besonders. Fünf Tage sollte die Inspektion dauern, der normale Geschäftsbetrieb lief parallel dazu weiter.

Nach Ablauf dieser Zeit erschien der Inspekteur in meinem Dienstzimmer und ich dachte, ich würde jetzt Anweisungen zur Vorbereitung seiner Weiterreise erhalten. Aber zu meinem Erstaunen sagte er, die Stadt interessiere ihn, und er sowie seine Mitarbeiter würden gern noch das Wochenende privat in Bilbao verbringen, um dann nach Madrid weiterzureisen. Ich war über diese Mitteilung nicht besonders erfreut, denn Inspekteure, auch wenn sie sympathisch sind, sieht man lieber gehen als kommen. Ich fragte also, ob ich für das Wochenende etwas für ihn arrangieren solle, einen Ausflug etwa, oder ein Zusammentreffen mit interessanten Persönlichkeiten aus der deutschen Kolonie? Er winkte ab. „Wie ich festgestellt habe, findet in Bilbao zurzeit eine Feria, ein Volksfest statt, warum haben Sie mir nichts davon erzählt?" „Ich bin nicht auf die Idee gekommen, dass Sie das interessieren könnte", antwortete ich erstaunt. „Da haben Sie mich falsch eingeschätzt", sagte er lächelnd. Ich liebe Volksfeste. Sie erinnern mich an meine Kindheit, und bei meiner derzeitigen Tätigkeit brauche ich diese Art von Entspannung. Ich würde gern am Samstag dieses Volksfest besuchen, in Begleitung von zwei netten Damen, d.h. mit meiner Sekretärin und mit Ihnen." Das war für mich eine echte Überraschung, aber meine Begeisterung hielt sich in Grenzen, denn ich hatte mir für das Wochenende, in der Hoffnung, dass er dann bereits abgereist sein würde, schon etwas anderes vorgenommen. Da war nun leider nichts zu machen. Solange der Inspekteur da war, war ich im Dienst. Es wurde aber ein netter Nachmittag. Wir bummelten über das Gelände der Feria, fuhren Achterbahn, aßen Würstchen, und der Inspekteur zitierte Goethe: „Hier bin ich Mensch, hier darf ich's sein." Vor ei-

ner Schießbude blieb er stehen. „Können Sie schießen?"
„Ja", sagte ich. „Allerdings bin ich ziemlich aus der Übung.
Aber ich würde es gern wieder einmal versuchen." „Gut,
dann schießen Sie für meine Enkelin bitte diesen Teddybär
dort. Sie haben drei Schuss." Er gab mir die entsprechenden Bons. „Die brauche ich auch", sagte ich. „Schießbu-
dengewehre haben meist krumme Läufe, zwei Fehlschüsse
müssen Sie mir schon gestatten, dann kann ich feststellen,
wie groß die Abweichung ist." Es kam wie von mir angenommen. Ein Schuss ging links daneben, einer rechts. Der
dritte ging genau ins Ziel. „Hier – der Teddybär für Ihre
Enkelin, Herr Botschafter." „Wo haben Sie das gelernt?",
fragte er erstaunt. „Bei meinem Vater, er war Jäger und
nahm mich manchmal mit auf die Jagd." „Ich bin auch
Jäger", sagte er, „und jetzt bin ich dran." Er schoss drei
große Papierblumen, jeder Schuss ein Treffer. Die eine ü-
berreichte er seiner Sekretärin, die andere mir, die dritte
steckte er sich selbst ins Knopfloch. Danach fuhr ich die
beiden in ihr Hotel zurück. Die Weiterreise nach Madrid
war für den nächsten Tag vorgesehen. Eine Begleitung zum
Zug lehnte er ab. Nur keinen „großen Bahnhof". Also verabschiedete ich mich und fuhr zufrieden nach Hause in
dem sicheren Gefühl, dass das Generalkonsulat Bilbao
eine gute Beurteilung erhalten würde.

Eines Abends auf der Heimfahrt vom Büro, wir steckten
mal wieder hoffnungslos im Stau, bat mich Julian, auszu-
steigen und mich vorn neben ihn zu setzen. Er müsse eine
wichtige Angelegenheit mit mir besprechen, und so ließe es

sich besser reden. Neugierig folgte ich seiner ungewöhnlichen Bitte. Ob mir bekannt sei, fragte er, dass in Kürze in Bilbao ein großes Fußballereignis stattfinden würde, ein Freundschaftsspiel FC Bayern München gegen Atlético Bilbao. Ja, ich hatte die Ankündigung in der Zeitung gelesen, mir aber bisher darüber keine Gedanken gemacht. Obwohl er nur einfaches Mitglied von Atlético sei, berichtete Julian stolz, habe der Präsident ihn zu der gestrigen Präsidiumssitzung eingeladen und um seinen Rat gebeten. Dabei sei es um mich gegangen. Wie er sich denn verhalten solle, habe der Präsident ihn gefragt. Bei Spielen gegen ausländische Gegner würde stets der offizielle Vertreter des betreffenden Landes in die Präsidiumsloge eingeladen, das seien bisher aber immer nur Herren gewesen. Noch nie habe eine Dame dort Platz genommen. Selbst die Ehefrauen der Präsidiumsmitglieder nicht. Die hätten zwar Ehrenplätze, aber außerhalb der Loge. Ob denn die Generalkonsulin etwas von Fußball verstünde? Vielleicht interessiere sie sich ja gar nicht dafür? Julian, sich seiner plötzlichen Bedeutung bewusst, war offenbar zu diplomatischer Hochform aufgelaufen. „Herr Präsident, meine Herren", habe ich gesagt, „es ist doch ganz egal, ob sich die Frau Generalkonsul für Fußball interessiert oder etwas davon versteht. Aber es muss ihr doch Gelegenheit gegeben werden, den Señor Beckenbauer und die Mannschaft offiziell zu begrüßen, und das sollte doch von der Loge aus geschehen." Richtig, soweit hatte das von Organisationsproblemen ge-

Deckblatt der Einladung
in die Präsidiumsloge

plagte Präsidium noch gar nicht gedacht. Ein paar Tage später erhielt ich eine offizielle Einladung in die Präsidiumsloge. Auf unseren Fahrten zum Dienst und zurück ließ ich mir vorsichtshalber von Julian noch die wichtigsten Fußballfachausdrücke auf Spanisch beibringen. Dann war der große Tag gekommen. Es war herrliches Wetter, und ich verfolgte bei Sekt und delikaten Häppchen von meinem Logenplatz aus das Spiel mit großem Interesse. Noch nie war ich in einem so großen Stadion gewesen und die begeisterten Menschenmassen, die ganze Atmosphäre faszinierten mich. Die Bayern gewannen 2:1. Anschließend begrüßte ich den Señor Beckenbauer, der seinerseits auch sehr erfreut war, mich kennenzulernen. Jedenfalls behauptete er das. Eine Einladung zu einem Umtrunk in meinem Haus lehnte er höflich ab. Die Mannschaft müsse noch mehrere Freundschaftsspiele in Spanien bestreiten, und da sei zwischenzeitlich strengste Trainingsdisziplin angesagt. Keine Partys, kein Alkohol. Er schenkte mir eine Tüte mit faustgroßen Minifußbällen, alle von ihm signiert. Die gab ich weiter an den Direktor der Deutschen Schule mit der Bitte, sie bei passenden Gelegenheiten vorzugsweise an die spanischen Schüler als Belohnung für gute Leistungen in Deutsch zu verschenken. Das machte mich in Schülerkreisen sehr populär.

November 1975. Ich hatte schon vor geraumer Zeit meinen Versetzungserlass erhalten und war dabei, meinen Umzug nach Bonn vorzubereiten. Nebenher Abschiedspartys, Abschiedsbesuche, das Übliche. Aber irgendwie war alles anders. Franco lag im Sterben. Eine lähmende Ungewissheit hatte die Menschen erfasst, die sich auch im öffentlichen Leben niederschlug. Was würde jetzt kommen? Monarchie, Demokratie, vielleicht Bürgerkrieg, wie schon gehabt? Zukunftsangst machte sich breit. Ich sah das alles wie durch eine Glaswand, denn ich war schon gar nicht mehr richtig anwesend. Nur weg aus Bilbao. Es gab dort nichts mehr für mich zu tun. Ich fuhr nach Madrid und nahm mir dort ein Hotelzimmer, denn ich hatte mich entschlossen mit der Eisenbahn über Paris nach Bonn zurückzukehren, und die wenigen grenzüberschreitenden Züge wurden in Madrid eingesetzt und fuhren nicht über Bilbao. Ich hatte einen etwa dreitägigen Aufenthalt in Madrid eingeplant, den ich unter anderem dazu benutzen wollte, dem Botschafter einen Abschiedsbesuch zu machen.

Als ich am 25. November morgens erwachte, ertönte Trauermusik aus dem Radio. Franco war tot. Ich rief die Botschaft an, um einen Termin für meinen Abschiedsbesuch zu vereinbaren. „Nehmen Sie sich ein Taxi, und kommen Sie am besten sofort", riet mir die Sekretärin. „Später wird der Botschafter keine Zeit mehr für Sie haben. Sie wissen ja, dass Franco vor ein paar Stunden gestorben ist. Die deutsche Delegation, die an den Trauerfeierlichkeiten teilnehmen soll, steht in Bonn schon in den Startlöchern, um sie müssen wir uns jetzt vorrangig kümmern." Der Botschafter empfing mich sehr freundlich. „Es tut mir leid, dass Ihre Abreise zu einem so ungünstigen Zeitpunkt stattfindet. Ich hätte Ihnen gern ein Abschiedsessen in kleinem Kreise gegeben, aber das ist nach Lage der Dinge nicht möglich. Gern würde ich Sie auch zu den Trauerfeierlichkeiten im Tal der Gefallenen mitnehmen, aber das geht leider auch nicht, denn Sie sind bereits bei allen offiziellen Stellen abgemeldet und sozusagen protokollarisch nicht mehr existent. Was haben Sie jetzt vor?" „Eigentlich wollte ich mir noch ein paar schöne Tage in Madrid machen", erwiderte ich etwas betrübt, „aber das ist wegen der Staatstrauer nun auch nicht mehr möglich. Restaurants, Theater, Geschäfte – alles geschlossen." Der Botschafter schaltete den Fernseher ein. Ein geöffnetes Kirchenportal war zu sehen und eine Menschenschlange, die sich langsam hinein bewegte. „Sehen Sie, er ist bereits aufgebahrt, und die Bevölkerung nimmt Abschied. Wenn Sie Interesse haben, sollten Sie an dem Defilee teilnehmen. Gleichgültig, wie man zu Franco und seiner Politik steht, es ist ein historischer Augenblick, den Sie da erleben würden."

Ich folgte dem Rat des Botschafters, reihte mich am nächsten Tage in die wartende Menschenschlange ein und geriet neben ein sympathisches Ehepaar mittleren Alters. Wir kamen beim langsamen Vorrücken ins Gespräch, und die beiden stellten sich mir vor als Don Manuel und Doña Matilda. Ich gab mich als deutsche Touristin aus. Don Manuel war Dozent an der wirtschaftswissenschaftlichen Fakultät der Universität Madrid. Ich fragte ihn, wie es zu erklären sei, dass dem unbeliebten Diktator so viele Menschen das letzte Geleit gaben. „Wissen Sie", sagte er, „Sie dürfen Franco nicht mit Hitler vergleichen. Viele Menschen tun das, und das ist meiner Ansicht nach grundfalsch. Franco war unbeliebt, sehr unbeliebt sogar, aber wirklich gehasst wurde er nur von wenigen. Vielleicht, weil die Spanier ihm auch Einiges zu verdanken haben. Er hat nach den Wirren und Gräueln des Bürgerkriegs wieder Ordnung geschaffen im Land, wenn auch mit harter Hand, und vor allem hat er dem Drängen Hitlers widerstanden, an der Seite Deutschlands in den Krieg einzutreten trotz aller Versprechungen, die dieser ihm gemacht hat. Damit hat er unser Land vor einer Katastrophe bewahrt. Gewiss, wir hatten keine Meinungsfreiheit, Regimekritiker wurden hart bestraft und politische Gefangene auch manchmal gefoltert. Aber Franco war im Gegensatz zu Hitler ein gläubiger Katholik, überzeugt davon, dass er seinem Herrgott eines Tages Rechenschaft werde ablegen müssen. Das hat ihn denke ich davor bewahrt, letzte Grenzen zu überschreiten. Vor allem, und das betrachte ich als seinen größten Verdienst, hat er sich im Gegensatz zu Hitler Gedanken über seine Nachfolge gemacht, und zwar rechtzeitig. Er wollte die Wiedereinführung der Monarchie, wenn auch nach seinen Vorstellungen und zu seinen Bedingungen. Er wollte dem jungen Juan Carlos, den er sich zum Nachfolger erkoren hatte, ein geordnetes Staatswesen hinterlassen. Deshalb hat er dessen Vater Juan II, der als Graf von Barcelona mit seiner Familie in Portugal im Exil lebt, dazu überredet oder besser gesagt gezwungen, auf seine Ansprüche zu verzichten und ihm seinen jungen Sohn anzuvertrauen, um diesen in Spanien zu erziehen und auf den Thron vorzubereiten. Juan Carlos hat hier eine sorgfältige Ausbildung genossen. Zuerst Schule und Militär, dann Universität. Es liegt nun an dem jungen König selbst, davon in der richtigen Weise Gebrauch zu machen." „Was heißt richtige Weise?", fragte ich. „Er ist doch sicher stark von Franco beeinflusst worden." „Das wird die Zukunft zeigen", antwortete Don Manuel. „Bis jetzt ist der junge König für die Spanier ein unbeschriebenes Blatt, und viele glauben, er wird es nicht schaffen." „Und Sie, was glauben Sie, Don Manuel?" „Es ist noch zu früh, sich eine Meinung zu bilden", sagte er nachdenklich. „In den letzten Jahren, wenn Franco sich in der Öffentlichkeit zeigte, war er stets von Juan Carlos begleitet, der schweigend neben ihm ging und stand. Von einigen Leuten wurde er deshalb Juan Carlos El Bobo, der Dumme genannt, weil er sich nie zu irgendetwas äußerte. Aber ich glaube nicht, dass er dumm ist. Ich denke vielmehr, dass Juan Carlos genau wusste, ein falsches Wort zur falschen Zeit am falschen Ort, und es wäre das Ende seiner Thronanwartschaft gewesen. Es erfordert große Selbstdisziplin, schweigend abzuwarten."

Unter derlei Reden waren wir langsam vorgerückt, hatten das Innere der Kirche betreten und näherten uns dem Katafalk, auf dem der Generalissimus in Galauniform im offenen Sarg aufgebahrt war. Plötzlich wurden wir von den Ordnern abrupt gestoppt. Ein Raunen ging durch die Menge. Der König! Juan Carlos hatte die Kirche unbemerkt durch ein Seitenportal betreten, allein. Er trug eine schlichte Felduniform, ohne Rangabzeichen und Orden, ging langsam auf den Sarg zu, blieb stehen, beugte sich nach vorn und berührte für einen Sekundenbruchteil mit seiner Stirn die Stirn des Toten. Dann drehte er sich langsam um und verließ die Kirche auf dem gleichen Weg. „Sehen Sie", flüsterte Don Manuel, „das ist es, was ich meine. Er weiß, was er ihm schuldet. Ohne Franco wäre Juan Carlos heute nicht König. Möge Gott ihm beistehen, den rechten Weg zu finden für unser Land." Nun konnten auch wir im langsamen Vorbeigehen einen Blick auf den Toten werfen, bevor wir durch ein anderes Portal ins Freie traten. Ich verabschiedete mich von Don Manuel und Doña Matilda und ging den langen Weg zu meinem Hotel zu Fuß zurück. Ich musste meine Gedanken und Gefühle nach dem Erlebten erst einmal ordnen. Es war mein vorletzter Tag in Spanien, und ich war tief beeindruckt von dem, was ich soeben gesehen und erlebt hatte.

Am folgenden Abend bestieg ich mein Schlafwagenabteil im Nachtexpress nach Paris und wurde am nächsten Morgen von einem freundlichen Schaffner geweckt, der mir das Frühstück brachte. „Gleich sind wir in Irun, Señora", sagte er. „Dort ist Personalwechsel, Pass und Zollkontrolle. Sie verlassen Spanien an einem historischen Tag." „Ich weiß", antwortete ich und schaute auf meine Uhr. „Gleich beginnen die Feierlichkeiten des Staatsbegräbnisses für Franco im Tal der Gefallenen." Plötzlich kam mir ein absurder Gedanke: Franco und Franke. Sie hatten ihre Amtszeit am gleichen Tag und fast zur selben Stunde beendet.

X) BONN

Wieder im Auswärtigen Amt fiel es mir zunächst nicht leicht, mich zurückzunehmen und wieder einzuordnen in die Schar der Beamten des höheren Dienstes. Auch andere Kollegen, so hörte ich, hatten damit Schwierigkeiten. Doch das beeindruckte mich wenig. Männer sind eben so, dachte ich. Die wollen, von Ausnahmen abgesehen, möglichst immer kommandieren. Jetzt musste ich feststellen, dass ich nicht viel anders war.

Zunächst wurde ich stellvertretende Leiterin eines Referats in der Kulturabteilung. Die Stelle des Leiters blieb bis auf weiteres unbesetzt. Eine Beförderung wurde mir, völlig unverbindlich natürlich, für einen nicht näher bestimmten Zeitpunkt bei entsprechender Bewährung vage in Aussicht gestellt.

In „mein" Referat war so ziemlich alles eingegliedert, was anderenorts nicht unterzubringen war, so auch die kirchliche Entwicklungshilfe für die Staaten Südamerikas, Afrikas und Asiens. Das war ein sensibler Tätigkeitsbereich, für den wegen seiner politischen Bedeutung dem Auswärtigen Amt ein gewisses Mitspracherecht zukam. Die Praxis der kirchlichen Entwicklungshilfe, sowohl der evangelischen als auch der katholischen, hatte ich während meiner Dienstzeit in Indonesien bereits ein wenig kennengelernt. Etwas anderes war es, sich in Bonn in der kirchlichen und weltlichen Verwaltungsbürokratie zurechtzufinden. Ein Teil meiner Mitarbeiter war genau wie ich erst vor kurzem aus dem Ausland, wo sie ganz andere Tätigkeiten ausgeübt hatten, nach Bonn zurückgekehrt. Eine Einweisung durch wen auch immer in die neue Arbeit fand nicht statt. Und so blieb es nicht aus, dass in der Zusammenarbeit mit den kirchlichen Stellen einige Missverständnisse bzw. Kommunikationsschwierigkeiten entstanden, nicht gravierend, aber ärgerlich.

Eines Tages erhielt ich einen Anruf aus Aachen. Die Vorzimmerdame des Leiters der dort angesiedelten katholischen Zentralstelle für Entwicklungshilfe sagte mir, ihr Chef, ein Prälat wolle mich sprechen. Mir war etwas mulmig zumute, denn ich nahm an, dass der hohe Herr sich über irgendetwas beschweren wollte. Aber es ertönte eine angenehme Männerstimme: „Liebe Frau Dr. Franke, wie ich höre, kämpfen Sie mit gewissen Anlaufschwierigkeiten. Das muss nicht sein. Ich würde Sie gern persönlich kennenlernen. Besuchen Sie mich doch in den nächsten Tagen in Aachen. Dort können wir in Ruhe und bei einem guten Essen im Quellenhof über alles reden." Wenn das kein Angebot war! Wir vereinbarten, dass ich zwei Tage später mit dem Zug am Vormittag eintreffen sollte. Der Sekretär des Prälaten würde mich am Bahnhof abholen und zum Quellenhof bringen. Ich bedankte mich hocherfreut und stellte sofort einen Dienstreiseantrag. Am nächsten Morgen erhielt ich einen Anruf meines Abteilungsleiters. „Ich habe gerade Ihren Antrag auf eine Dienstfahrt nach Aachen vorgelegt bekommen. Welche Herren werden sonst noch an dem Essen teilnehmen?" „Der Sekretär des Herrn Prälaten, sonst niemand." „Sonst niemand?" Es klang sehr erstaunt. Dann, nach einer Pause: „Gut, der Antrag ist genehmigt. Aber berichten Sie mir nach Rückkehr ausführlich über den Verlauf der Veranstaltung, und fertigen Sie einen entsprechenden Aktenvermerk an."

Das Mittagessen im Quellenhof verlief in sehr angenehmer Atmosphäre und dauerte bis in die frühen Nachmittagstunden. Alle Probleme und Schwierigkeiten, mit denen ich, aber auch die kirchlichen Stellen zu kämpfen hatten, wurden ausführlich erörtert, und für alles wurde eine Lösung gefunden. Eine neue Art der Zusammenarbeit wurde vereinbart. Dann schaute der Prälat auf seine Uhr. „Ich muss jetzt leider gehen. Kennen Sie eigentlich den Aachener Dom?" „Nur flüchtig von einem Kurzbesuch", antwortete ich. „Ihr Zug geht erst in zwei Stunden. Wenn es Ihnen recht ist, wird mein Sekretär für Sie eine kleine private Führung veranstalten. Er ist ein großer Kenner des Doms und seiner Geschichte. Anschließend wird er Sie zum Bahnhof bringen. Sie werden gegen 18 Uhr in Bonn eintreffen. Dann ist schon Dienstschluss, und Sie brauchen nicht mehr ins Büro", sagte er und verabschiedete sich lächelnd. Froh gestimmt trat ich die Rückreise an. Ach, wenn sich doch alle dienstlichen Probleme auf so angenehme Weise lösen ließen! Ob das charmante Entgegenkommen des Prälaten ein wenig damit zu tun hatte, dass ich eine Frau war?

Bilbao
Museum Guggenheim

XI) EPILOG

Viele Jahre später, ich lebte längst im Ruhestand in einer schönen Eigentumswohnung im Bonner Stadtteil Bad Godesberg, nahm eine ehemalige Mitarbeiterin vom Generalkonsulat Bilbao Kontakt zu mir auf. Frau Klatte, jetzt ebenfalls im Ruhestand in Godesberg, ist eine sehr unternehmungslustige Dame, und gemeinsam machten wir des Öfteren Ausflüge oder besuchten Veranstaltungen. Als wir im Oktober 1997 von der Fertigstellung und Einweihung des Guggenheim-Museums in Bilbao erfuhren, stand für uns fest, dass wir unbedingt noch einmal nach Bilbao reisen mussten, um dieses architektonische Wunderwerk des amerikanischen Architekten Frank Gehry und die darin enthaltenen Exponate moderner Kunst kennen zu lernen, und zwar ganz privat und inkognito, denn ich legte Wert darauf nicht als die ehemalige Leiterin des Generalkonsulats erkannt zu werden und gut gemeinte, aber mir jetzt eher lästige und nicht mehr angebrachte Einladungen annehmen zu müssen. Aber wir hatten die Rechnung ohne Julian gemacht. Chauffeure verfügen ja häufig über geheime Informationskanäle, die anderen Sterblichen verschlossen sind. Er rief mich im Hotel an, erzählte mir dass er mittlerweile auch im Ruhestand lebe, es aber zu einem eigenen Auto gebracht habe und erbot sich, Frau Klatte und mich mit diesem spazieren zu fahren, damit wir die alten vertrauten Stätten unseres

Lebens und Wirkens wiedersehen könnten. Natürlich streng privat und inkognito. Niemand würde etwas erfahren, nur seine Frau würde er gern mitbringen. Da sagten wir natürlich gern zu.

Wir fuhren nach Algorta, einem ehemaligen Fischerdorf, jetzt eleganter Villenvorort von Bilbao. Dort hatte ich während meiner Dienstzeit eine hübsche kleine Privatwohnung in Strandnähe bewohnt. Nach einem Bummel durch den Ort lud ich meine Begleiter zum Mittagessen ein. Es war mir ein Vergnügen, besonders Julian einmal als meinen Gast in das Restaurant auszuführen, vor dessen Tür er während meiner Dienstzeit so oft und lange auf meine Gäste und mich hatte warten müssen. Er freute sich natürlich sehr, wirkte aber irgendwie geistesabwesend und seltsam zerstreut. „Was ist denn los mit Julian?", fragte ich seine Frau nach dem Essen. „So kenne ich ihn gar nicht." Frau Diaz lächelte. „Er möchte Ihnen etwas sagen, aber unter vier Augen und hat bis jetzt keine Gelegenheit dazu gefunden, deshalb ist er wohl ein wenig unruhig. Gehen Sie mal mit ihm voraus, Richtung Strand. Ich komme mit Frau Klatte nach."

Hinter einer hohen Düne blieb Julian plötzlich stehen, hinderte mich am Weitergehen, holte tief Luft und begann: „Señora, da wir uns in diesem Leben wahrscheinlich nicht wiedersehen werden, möchte ich Ihnen zum Abschied noch etwas sagen: Sie waren eine gute und gerechte Chefin, aber ich war auch ein treuer, zuverlässiger Chauffeur und habe auf Sie aufgepasst so gut ich konnte, denn die ETA war überall. Damals hatten wir Franco und Diktatur, jetzt haben wir einen König und Demokratie. Damals waren Sie Generalkonsulin und ich Ihr Fahrer. Jetzt sind Sie im Ruhestand und ich auch. Darum erlaube ich mir heute etwas, was ich mir früher nie hätte erlauben dürfen." Sprach's, umarmte mich und drückte mir ein scheues Küsschen auf die Wange.

In diesem Augenblick bogen die beiden Damen um die Ecke. Frau Diaz lächelte. Sie wusste Bescheid. Aber Frau Klatte, ansonsten bekannt für ihre scharfe Beobachtungsgabe, hatte überhaupt nichts mitbekommen. Wir fuhren zurück zum Hotel und verabschiedeten uns, ohne viel zu sagen. Julian hatte das Schlusswort gesprochen.

Dr. Brigitte Franke

Jahrgang 1921
Abitur in Merseburg
Studium in Heidelberg und Madrid
Soziologie und Staatswissenschaften
Sprachen, Geschichte, Literatur

Seit 1953 deutscher auswärtiger Dienst
Auslandsposten in Nordamerika, Asien, Europa
Lebt seit Eintritt in den Ruhestand in Bonn